カタカムナの時代が到来しました

真心だけが現象化する世界！

katakamuna

吉野信子

徳間書店

はじめに――ついにきた「令和」というカタカムナの世

2019年4月1日、時代が変わる瞬間をみなさんはどのような心境で待っていらっしゃいましたか？　新元号の発表の日です。私は朝からとてもワクワクしていました。発表を見ようとテレビをつけましたが、予定の11時30分になってもなかなか始まりません。

そして、「新元号は令和に決まりました」と、発表されたのは11時41分でした。1141という並びのその中心にはカタカムナではもっとも大事な核になる数字1と4が入っていました。しかも発表された日も、4月1日と重要な数字です。それを見て私は、まさにカタカムナの時代が到来したのだと思いました。

新元号「令和」という言葉も、カタカムナで読み解くと、まさにそのことを暗示しています。

「令和」の出典は中国ではなく日本の万葉集からという説明でしたので、日本が世界の核となって新しい風が巻き起こるんだと確信したのです。

いよいよ時来たりと思う反面、これからやらなければならないことを思うと、身が引き締まる思いでした。


私がカタカムナに出会ったのは約10年前、日本とは何か、を考えているときでした。私は子供の頃から世界を日本につなぐ架け橋になりたいと思っていたので、国際線の乗務員になりました。世界を駆け巡ることで、そのヒントになるものが見出せるかもしれないと思ったからです。

ところが、いろいろな国に出かけるたびに気づいたことは、逆に日本のすばらしさでした。しかも、それは他の世界から際立っていたのです。それで日本とはいったい何なのかと思い、日本の歴史を調べているうちに「カタカムナ」という縄文以前の文明に行き着いたのです。

それからカタカムナの教本とも言うべき『相似象学会誌』や手に入るカタカムナ文献をすべて買い求めて読みまくりました。しかし、何度熟読しても難解で理解できなかったので今度は次々と本を書き写し始めました。その溜まったデータを利用して「カタカムナ辞典」を作り、カタカムナ用語を理解しながら、宇宙や量子の相似象構造を考えるために図を描き始めましたが、どれほど努力してもその内容は理解できません。

けれどやればやるほど惹かれていくのです。もうわかるまで止まらないという感じでした。そこでカタカムナウタヒ80首を構成している音の一音一音の意味を理解することで読み解くことを思いつきました。

そこでカタカムナウタヒ5首と6首に出てくる、日本語48音がもつ思念を発見しようと考えたのです。

それらの音を含んでいる日本語の言葉をたくさん列挙して、その言葉の中に秘められた音の共通概念とは何かを考えていきました。

第5首　**ヒフミヨイ　マワリテメクル　ムナヤコト　アウノスヘシレ　カタチサキ**

第6首　**ソラニモロケセ　ユヱヌオヲ　ハエツヰネホン　カタカムナ**

今までの世間の概念や通念をすべて捨て去り、あくまでも自分の中から出てくる答えを探し求めました。

カタカムナウタヒを読み解くには、その音の思念を一言で表せないと、古代の日本語を現代の日本語に翻訳できません。意味がいろいろあっては、迷ってしまいます。これは長年、通訳や翻訳をやってきたことが役立ちました。

毎日、毎日「ヒ」「フ」「ミ」……とは、一言でいうと何だろう?と考え続けました。そのひたむきな思いが天に通じたのでしょうか。ある日突然、その答えがひらめき始めたのです。それから次々と、答えが降りてくる感じがして、2カ月経つうちに48音の思念をすべて書き出すことができました。

そして、その思念が正しいかどうか、簡単な言葉を次々と読み解き始めました。その思念で読み解いて、意味に矛盾《むじゅん》が出てくれば、それは間違っている可能性があるからです。

しかし、読み解けば読み解くほど納得し、そこに矛盾は見つかりません。

それどころか、矛盾があると感じた言葉の読み解きは、突き詰めれば私の理解不足だったことが見えてきました。その矛盾こそが、じつは言葉に秘められた宇宙の法則だったのです。

それからは、矛盾している、理解できない、と思った言葉から次々と新たな発見があり、すべてがつながっていくようでした。

そうしてできたのがカタカムナ言霊思念表です。


それからは毎日発見に次ぐ発見で、ワクワクが止まりません。まさに、聖書にある通り、

「初めに言（言葉）があった。言は神と共にあった。言は神であった。この言は、はじめに神と共にあった。万物は言によって成った。成ったもので、言によらずに成ったものは何一つなかった」


という状況でした。

その後、「ヒフミヨイ……」で始まる声音は、数字の「12345……」を表していることに気づき、48音順に数に置き換え、言葉の数霊《かずたま》を計算しました。そして、その答えを48音の思念で読み解いてみました。

すると、その過程で、今度は数霊の法則が見えてきました。数霊は言霊と表裏一体

だったのです。

それからはますます人生が変わりました。次々と興味のある言葉を読み解いて、驚き、発見し、納得し、の繰り返しです。

今では、これらのひらめきや言葉、数字から学んだ知識により、文字の形、多角形などの形、土地の名前や地図、神の名前やその場に何がどのようにあるのかを、一目見ただけでいろいろな情報が目に飛び込んでくるようになりました。なぜなら言葉が現象化を生み出しているからです。カタカムナを知らなかった10年前とはまったく世界が異なりました。すべてのものが真理を語り出したのです。

しかし、これは私が特別だからではありません。

言霊と数霊と形霊を駆使すれば、誰でもわかることなのです。

言葉によって宇宙の法則を理解する、それこそがカタカムナ人からのメッセージです。

私は一人でも多くの方々に、このカタカムナの真理を伝えたいと思ってきましたが、やはり一人の発信力では限りがあるので、一昨年、私の地元、大阪の高槻市にカタカムナ学校を作りました。カタカムナを共に研究し、またカタカムナ講師を養成するための講座を開講したのです。

そこでカタカムナの基本的なことをお伝えし、その方々がまた全国でカタカムナを伝えてくださったら広まるのが早いという思いからです。

それを勧めてくださったのは、精神科医の越智啓子先生とご主人の伊地ヨンさんでした。そして初年度は毎月、沖縄から通って、啓子先生は私と一緒に壇上に立ち、ご主人は講義のビデオ撮影を担当して下さいました。感謝でいっぱいです。

そしていよいよ令和の新しい時代が始まりました。
言葉は私たち人間にしか話せません。
世界平和は愛と真心のあふれる言葉から始まります。
そして、それは私たち日本人の心と言葉から始まっていきます。
令和とは、その始まりを告げる言葉なのです。
それを考えると、日本語を発信する日本人の使命は重大です。

この本を手に取って下さったあなたもそのお一人です。
この本がどうかあなたの思いを実現するお役に立てますように、心から願ってやみません。

令和元年十月吉日

カタカムナ言霊伝道師　吉野信子

第1章　カタカムナとは何か

第2章 カタカムナで「令和」を読み解く

第3章 天皇という奇跡の真心

第4章 イスラエルへの旅

第5章 真心しか通じない時代

第6章　カタカムナと聖書

第7章　カタカムナが語る宇宙法則

構成／リエゾン．
装丁／冨澤　崇

第1章 カタカムナとは何か

すべてに意味がある

令和の時代を読み解く前に、カタカムナの世界を感じていただきましょう。

なぜ言霊《ことだま》なのか、なぜカタカムナを使えばものごとの本質がわかるのか、ということを理解していただければ、平和の世界、波動の世界がどうして実現するのか、感じていただけると思います。

カタカムナ学校の学校訓は、**「すべてに意味がある」**という言葉です。

このフレーズは、私の耳に生命の奥深くから、何度も、何度も聞こえてくる「声」なのです。

私はこの声が聞こえてくるたびに、知りたい言葉を思念や数霊で読み解きます。答えはすぐわかるときと、すぐにはわからず、なにかの拍子にわかるときがあります。

しかし、その意味がわかった瞬間は、例外なく言い表せない歓びに包まれます。それはおいしいものを食べたり、欲しいものが手に入ったときのような歓びではなく、

「そうだったのか！　生きていてよかった！」という満足感と充実感です。ものごとの本質が理解できることほど幸せなことはありません。

ちなみに**「すべてに意味がある」の数霊は、なんと「53＝イミ」**、そのものになります。意味とは、発見したときにその意味を持つものなのかもしれませんね。

私の名前は「吉野信子」ですが、それを言霊の思念で読み解くと、

ヨ＝新しい・陽
シ＝示し
ノ＝時間をかける
ノ＝時間をかける
ブ＝内側に増える
コ＝転がり出る

これをつなげて、〝てにをは〟をつけると、

「新しい陽の示しが、時間をかけて時間をかけて内側に増えて、転がり出る人」

となります。

「陽」とは生命エネルギー、または意識や思考のことです。それが時間をかけることによって、だんだん増えて転がり出る、つまり歳をとるにつれて、意識や思考が増えて、内的なものが充実し、それが転がり出る人、という意味にとれます。

私の名前は信子と書きます。「信」の字は、「イ＝人」と「言」ですので、「人に言う」つまりは人に伝える人という意味です。カタカムナに目覚めて全国各地でセミナーをしている、まさに今の私自身を言い表しています。それが私の使命です。

カタカムナでは同音異語は、同じ意味ととらえます。振動数が同じであれば、エネルギーが一緒だからですね。

ですから私の「氏名」は、私の「使命」なのです。私の名前は、私を識別し、象徴する言葉です。

そして、その言葉の裏には、私がどういうエネルギーを持って、どんな使命を持って生まれてきたかという「真実の名前」が隠されているのです。それは言葉に隠された「思念」で読み解くとわかります。

その思念のエネルギーを「言霊」と言います。

これは私たち人間だけでなく、すべての存在、現象を表す言葉に当てはまる法則です。

それでは、なぜ存在を表す言葉を「名前」というのでしょうか。それは「名前」という漢字を素直に読み解くとわかります。

「名が前にある」

つまり、存在の前に名があったということです。名前＝言葉が先に存在したので、それが現象化したのです。言霊が現象化を生み出したのです。

ナ14＋マ6＋エ43＝63　63の数霊も、「受容の実体」、つまり私という身体が受容する魂（実体）を意味しています。

「名が前にある」というのは、「はじめに」で紹介したように、新約聖書の一文「初めに言があった」と、まったく同じです。

つまり、初めに言葉が存在し、その言葉によってすべてのものができたのです。

このような理由から「すべてに意味がある」と断言できます。なぜなら、意味のないものはこの世に存在できないからです。

すべてを認めると、生き方が変わる

もし、私たちが「すべてに意味がある」と信じて生きていくと、どういうことが起きるでしょうか。

楽しいことはさておき、とても辛い出来事や、悲しい出来事が起きたとき、その辛さや悲しさがなぜ必要だったのかについて思索をめぐらします。そうして、その辛さや悲しさに大きなメッセージがあったことに気づいたとき、あなたはもう、その辛さを乗り越えているんです。

なぜこうなったのか、と考え、そこに意味を見出したとき、すべての悩みも、苦しみも、悲しみも、いつのまにか「感謝」に変わっていることに気づくでしょう。

そして、この「すべてに意味がある」には、すべての存在を認め、尊いとする「愛」が根底にあります。悪と呼ばれる存在さえも、自分を鍛え、学ばせてくれる師であると捉えることができます。

この言葉は、善だけを良しとする善悪二元論を打ち破り、すべての存在を容認する力、世界を一つにする力をもっているのです。敵、味方に分ける必要のない平和をもたらす力、これこそが、カタカムナの神髄です。

人生に不必要なものや、ものごとは一つもありません。

なぜそうなったのか、なぜそれと出会ったのか、その意味を発見した途端、すでに悩みは解決しているばかりか、新たな答えと出会っています。

カタカムナとは何か

さて、カタカムナとはいったいなんでしょうか。

カタ＝見えるもの（肉体や物質）
カム＝見えないもの（エネルギー）
ナ＝その2つが中心の核（ナ）で、統合（十）するもの

という意味です。つまり「生命の根源」という意味になります。

カタカムナの文献は、80首のウタヒで表されていますが、その1首に当たるのが、これです。

第1首　カタカムナ　ヒビキ　マノスベシ　アシアトウアン　ウツシマツル　カタカムナ　ウタヒ

それは「カタとカムのナから出てくる響きは、間（心）が作り出す術である。アシアトウアンがその響きをうつし祀りました。それがカタカムナウタヒです」と言っています。

カタとカムの2つを統合（十）する核（心）をナと言い、その形からナは＋（プラス）に通じます。カタとカムの統合した肉体から、ナを通して放出されるものが言霊です。

生命体から放出されている言霊が、現象界に実体を表す力になっています。

このカタカムナという目に見えない生命エネルギーの循環する構造が、すべての生命、すべての物体、すべての現象に見られる基本構造です。

ですから、好むと好まざるとにかかわらず、**核を通して放射されたエネルギー、すなわち、自分の心、あるいは口から、思いや言葉が解き放たれると、それが現象界に振動を伝え、現象化を引き起こすのです。**

この原理を知れば、生き方にも大きな変化が表れるに違いありません。

アシアトウアンという人が48音を写しとったとされていますが、アシアトウアンとは誰のことでしょうか。その思念を読み解いてみると、「命の示しを感じて、統合を生み出そうと強く感じるもの」となります。

カタカムナには濁音がないので、アシアはアジアとも解釈できます。英語でアジアを「ASIA」と書きますね。そうすると、「アシアトウアン」とは、「アジアの統合を生み出そうと強く感じるもの」となりますね。

かつて、大東亜共栄圏という言葉がありました。戦後は戦争を引き起こした思想だと否定的にとらえられてきましたが、その思いは遠い日本の祖先、カタカムナのアシア族のDNAが蘇《よみがえ》ってできた言葉だったかもしれません。その戦争は悲惨そのものでしたが、多くの尊い犠牲の結果、アジア、アフリカなど世界の植民地は解放されたことも事実です。

「アシア」というのは「生命の示しを感じる人たち」であり、「アジアに生きている生命を感じ、一つに結ばれたいと強く感じている人たち」だからです。

縄文以前には今のように国境はなく、感じる世界はもっと広大だったはずです。そこで「アジア」＝「世界」と考えると、「世界に住む生命の示しを感じて、一つになりたいと強く感じる人たち」と言い換えることができますね。

「アジア（世界）を一つに」と言っても、アジアや世界の覇権をとりたいと争うことではありません。またそこには侵略や支配といった概念もありませんでした。あくまでも生命を大切にしたいという思いを強くもって、あなたと私は一つだという意識を生み出そうとする人たちだったということが、思念から感じとれます。

私はこのカタカムナウタヒ第1首はとても大事だと感じています。なぜならそこに古から倭国（ワとは調和を意味する）と呼ばれ、大和の国と、自らを称してきた日本人の本質が表されているからです。

私が探し求めてきた「日本とは何か」の答えを私はこの一首の中に見つけたのです。

カタカムナは渦巻き構造

言霊は、なぜそんなに大きな力を持っているのでしょうか。

カタカムナの渦巻き構造がわかれば、それは理解することができます。

私はカタカムナを理解したい一心で、来る日も、来る日もカタカムナ文字の渦巻きを眺めていました。すると、ある日、紙に描いた渦巻き状のウタヒが突然３Ｄ化し、動き出したように見えたのです。それでその動きをなんとなく図に描いてみたところ、その構造がわかりました！

カタカムナウタヒは全部で80首あるのですが、そのうちの71首の中心にある図象が、

創造の御柱

ヤタノカガミです。ヤタノカガミは、それだけでは文字として読めませんが、そこには8つのカタカムナ文字が存在しています。それを右端から反時計回りに読むと、「ヒフミヨイムナヤ」になります。

また、カタカムナウタヒの中でももっとも重要なウタヒの一つとされる第4首は、次の通りです。

第4首　**イハトハニ　カミナリテ　カタカムナ　ヨソヤコト　ホグシウタ**

ヤタノカガミの「ヒフミヨイムナヤ」は、左回りにしか読めず、ウタヒは逆に右回りでしか読めない。この右回りと左回りで、お互いがつながっているのです。ここに重要な意味があります。

どういうことかというと、右回りというのは時間が消費する方向にあることを表します。時計は右回りですね。逆の左回りは、時間が充電される方向を表しています。私たちは時間は消費するものだと思っていますが、じつはそうではないのです。

すべての事柄が必ず相反する対でできているのがこの世の法則です。

第4首

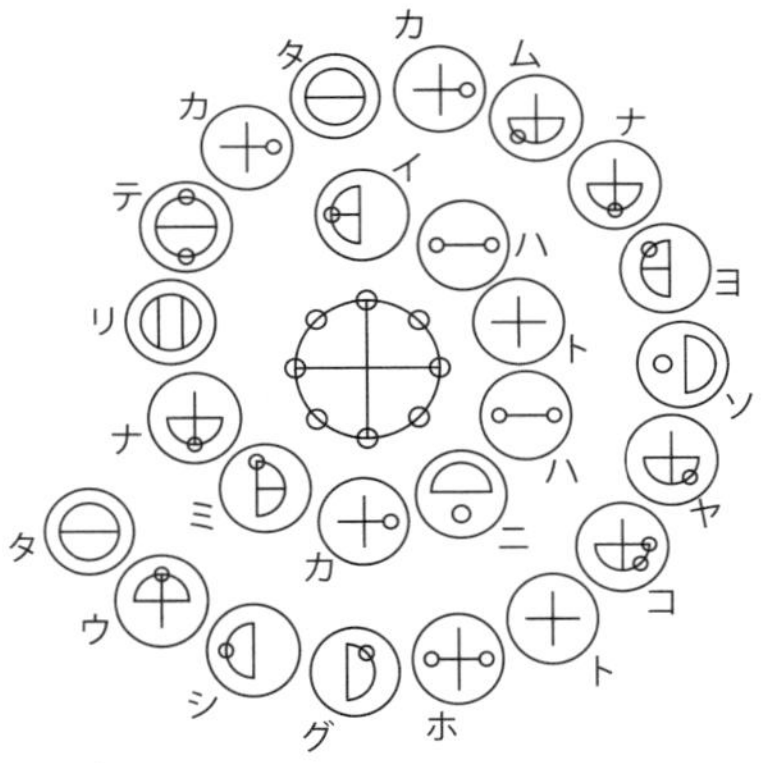

時間も例外ではなく、消費するということは、その前提として溜めるという段階がなくてはなりません。

これはまた、**生命の誕生と死にかかわる絶対法則**を表しています。

この世に生まれた生命は、生まれた瞬間に、死に向けてひたすらカウントダウンを始め、歳をとるということは、肉体が崩壊へ進むことを意味しています。生命だけではなく、無機物も、星も、宇宙も同じです。

しかし、肉体が滅んでも、私たちの命がなくなってしまうのではなく、死んだ瞬間から、再び生命エネルギーを蓄えるプロセスに入り、また生まれ出る時を待つという輪廻転生が繰り返されます。「今」という一瞬が過ぎるのも、じつはこの生死の相似象でもあるのです。

創造の御柱

ウタヒを平面ではなく、３Ｄ化してみると、渦は竜巻状に立ち上がる渦の下に、まるで合わせ鏡のように逆回転するもう一つの言霊渦がイメージできます。２つの渦は、それぞれが逆向きに回転しているので、結節点である＋のところでは、ギューッと絞られ、よじれる形になっていて、ゼンマイを巻くようにエネルギーがたまり、十で表されています。これが、カタカムナウタヒがわざわざ渦巻き状になっている意味です。

逆回りの渦が上下に重なっている構造を、古神道などでは「創造の御柱《みはしら》」と言っています。すべての生命、事柄が、この創造の御柱から誕生しているからです。

これは『古事記』に登場するイザナギノミコトとイザナミノミコトによる国生みのシーンと同じですね。海の上に誕生したオノコロ島に降り立ったイザナギノミコトとイザナミノミコトが、天の御柱の周りをそれぞれ逆向きに回って出会ったところで、お互いに言葉を交わし結ばれて、神生みをし、この世のさまざまなものを生み出していきました。

それこそ創造の御柱が示す渦のエネルギーの流れによって言霊が放出され、現象世界に振動を伝えて、現象を引き起こす2つの逆渦を表していたのです。

この創造の御柱は、すべての生命や物に宿っています。宇宙の中にも、地球の中にも、そして私たちの中にもあります。

ですからカタカムナを読み解くということは、**自分の中にある創造の御柱の存在を知り、自覚する**ということにもなります。

ヤタノカガミが示す宇宙の構造

この項目は読むだけでは少し難しいかもしれません。できれば頭の中に3Dの映像を動かしながら読み進めて下さい。

カタカムナは、ヒフミヨイムナヤコト、12345678910を表しているはずで

ヤタノカガミ図象を思念表と合わせてみると見えてくるもの

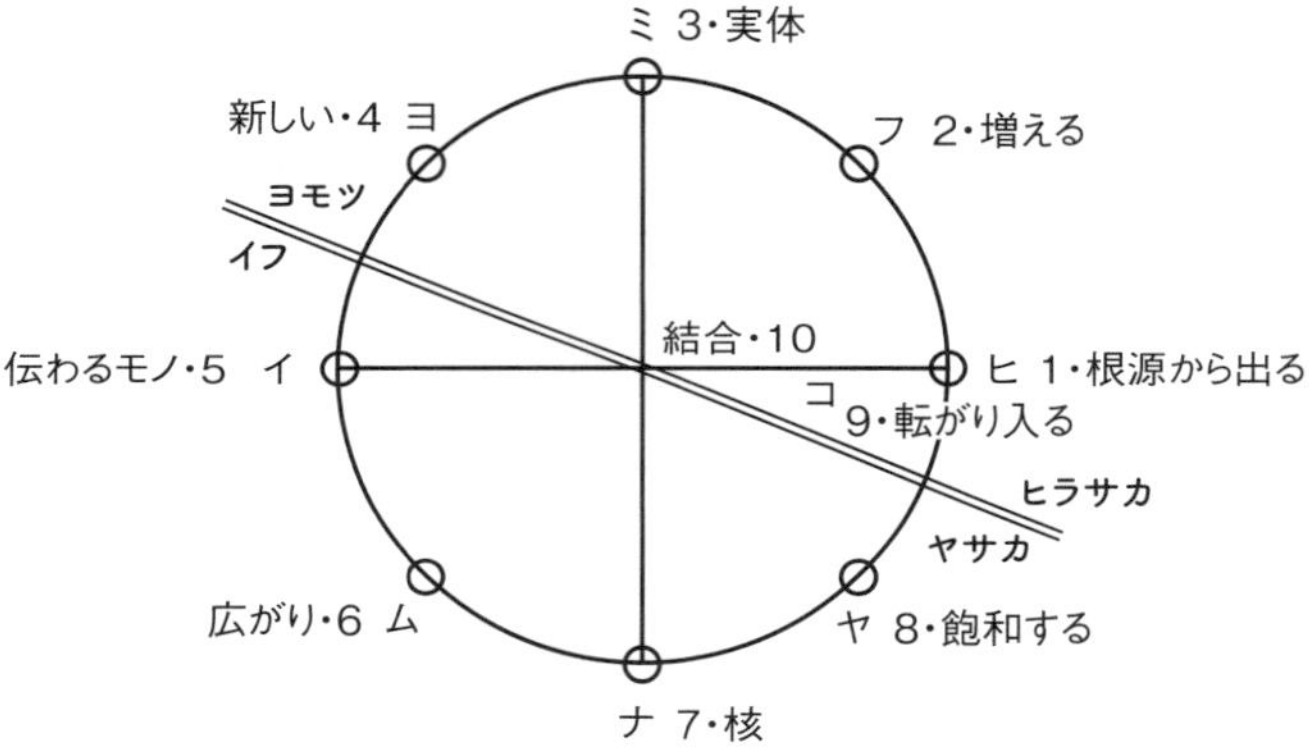

すが、ヤタノカガミは「八」を意味するので、1から8までの点しか見えません。私はこの中に絶対9と10が含まれているはずだと思って探しました。すると、そこにはちゃんと9と10が隠れていたのです。

ヤタノカガミの8番目のヤ（8）の次に来るコ（9）は、円周の弧で表わされていました。コの思念は「転がり入る・転がり出る」です。つまりヤタノカガミの外周の○が9を表しているのです。

それは2次元で描くと○ですが、実際は球体（9）を表しています。「9＝キュウ（球）」ですね。9は球体面をグルっと回って中に入る渦と、出ていく渦を表しています。そして、それが到着するところが、中心の十（10）であり、統合を生み出すところです。

10という数字は、一桁の1＋0＝1として表しますから1となり、再び「ヒ（1）」として根源から出ます。

ヤ（8）とヒ（1）の間には中心の見えない次元としてコ（9）とト（10）が入ります。ヤタノカガミ図象では、じつは円は2つにわかれているのです。ヒ（ト）とヤ（8）、そしてその対象地点にあるヨ（4）とイ（5）の間に、じつは次元の壁があって、球は陰陽となりその壁をまたいで中央で統合しています。

そうしてみると、ヒ（1）ヤ（8）の間と、ヨ（4）とイ（5）の間には、傾いた斜めの線があることがわかります。

私はそのことを『古事記』を読んでいるときに気づきました。

『古事記』には「ヨモツヒラサカ」、またの名を「イフヤサカ」と呼ばれるものがありますが、それは亡くなったイザナミのいるあの世（潜象界）と、イザナギのいるこの世（現象界）の境界線を表しています。この坂がそれだと気づいたのです。それは思念で読み解くとわかります。

ヨモツヒラサカ＝陽（ヨ・4）に漂い（モ）、集まり（ツ）、根源から出る（ヒ・1）場（ラ）を遮る（サ）チカラ（カ）

イフヤサカ＝陰（イ・5）に増えて（フ）、8（ヤ）を遮る（サ）チカラ（カ）

黄泉比良坂〈ヨモツヒラサカ〉が、潜象界から見た次元の境界線の名称であり、伊賦八阪〈イフヤサカ〉が、現象界から見た次元の壁を表していることがわかります。つまり、『古事記』の「またの名」で表わされる名称とは、視点を変えて表現された名前なのです。

思念で読み解くことで、それまで何について語られたものかわからなかったカタカムナウタヒが、どうやら生命の構造を示しているらしいことがわかったのです。このことからも、やはり、カタカムナウタヒには、宇宙の謎、この世の真実、生命の神秘をひも解く答えが書かれているのだ、と私は確信しました。

人（ヒト）は1次元から10次元を持つ存在

カタカムナは、ヤタノカガミに見られるように○と十で作られ、○は内側の世界と外側の世界を分ける境界線として、内と外を作り出しています。これは1次元の線（ひも）が結びついて円を作っていますが、宇宙は1次元から始まっていることを表しています。

すべては1次元がつながって振動し、回転し、移動して、2次元（膜宇宙）、3次元、4次元空間を作り出しています。

そして円の中の十字は、交差していません。ここには人間の子宮に当たる空間が存在し、物質を作り出しているところです。時空間を溜めては出し、溜めては出し、メビウスのひねりが開いたり閉じたりしているところなのです。

開いたときにはエネルギーが放出され、トーラスの機能が発揮されます（ベクトル平衡体の形）。そして閉じたときには振動が充電されます（マカバの中央の正八面体

正八面体

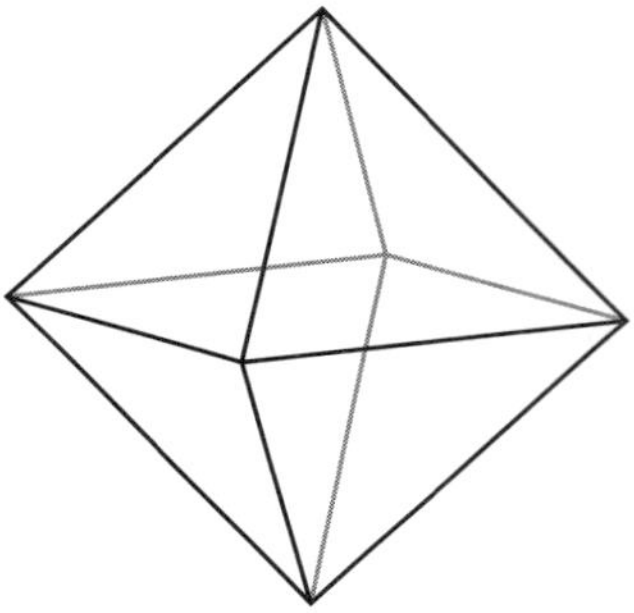

ベクトル平衡体

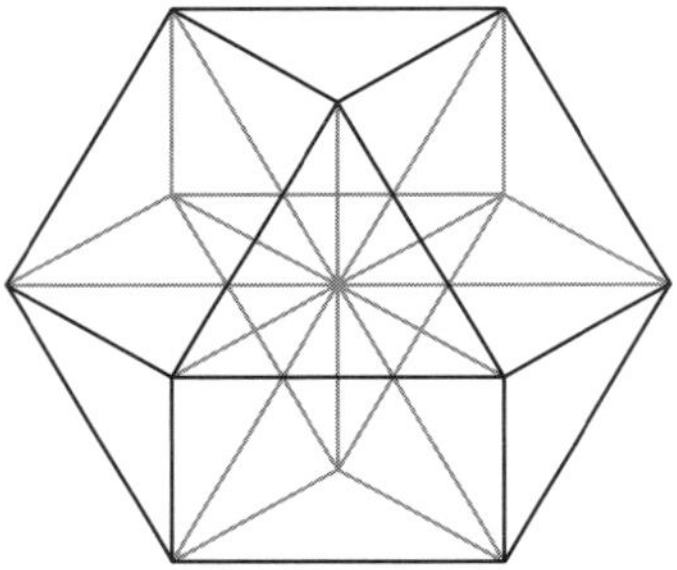

の形）。これがカタカムナのセントラルサンとして、現象粒子を生み出し、時空間を作り出しています。

3次元の現象と物質は、この中心にある生命体の核であるカタカムナから生まれています。

また、ヒフミヨイムナヤコトはご存知のように数字も表していますね。

私たちが昔から使っている12345678910を表す数詞をカタカムナでは「次元数」と呼びます。宇宙は10次元でできているのです。10次元といっても、10になった途端に、メビウスの反転が起き、10は01となり、実質1となって、一段階上の1次元に戻ってしまいますが、それはらせん状態の上の段階の1に進んできます（陰陽が10で統合すると、その結果、子供が生まれるとお考えください）。

10になると1に戻るので（10次元＝1次元）、数字は9次元で回っているといえます。宇宙は10次元でできていると言いましたが、実質は9次元、また次元的に重なる0（反転の次元）を入れると、すべてで11次元（012345678910）で成り立っているということになります。それは現代の最先端科学「超ヒモ理論」の次元数と同じです。

カタカムナも1次元は「ヒ」から始まっています。これは1次元のヒモ、つまり、「ヒが漂う（モ）」から始まっているということです。そして「今」というこの一瞬には、この11次元すべてが同時に存在します。「イマ」の数霊を計算すると「5＋6＝11」になります。

全部で11次元ある中のカタカムナ（核）の中心次元は、言葉で表すと、0とは空間の間（マ）で表現されるので「間（マ）＝0」、9は「コ」、10は「ト」の3次元となり、言霊でいうと、カタカムナの核には「マコト」が隠されているということになります。

八咫鏡の構造

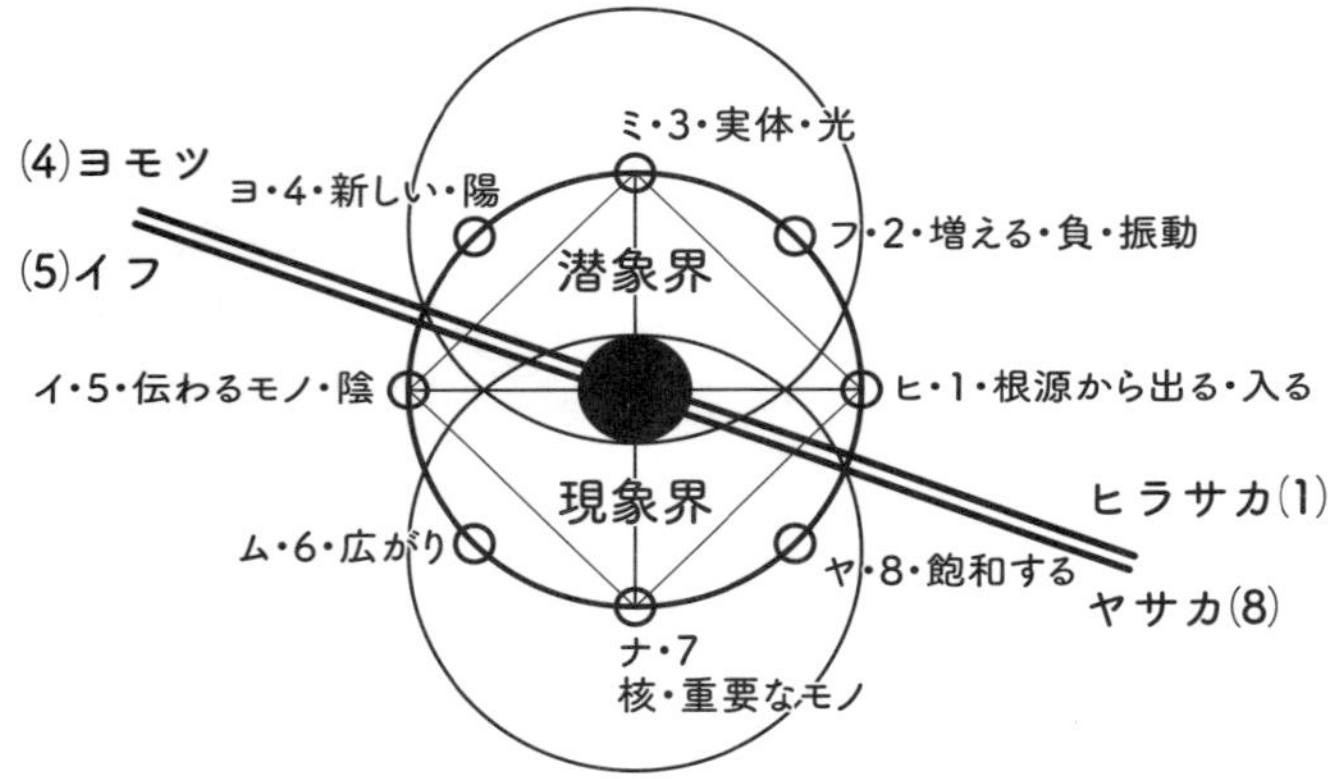

0（マ）＝9（コ）＋10（ト）

マコトとは真実の真であり、誠です。真《マコト》という字は破字にすると、十（統合した）目の一つをハ（引き合う）となり、上の八咫鏡の構造図の中心に現れる「一つ目」のことを表しています。また、誠という字は「言うことが成る」と読み解け、「マコト」の言霊により現象化するということを表しています。そして、数字は次のように次元とその意味を表しています。

ヒ　1次元、ヒモ、根源から出る

フ　2次元、アマ、膜（Dブレーン）、

潜象界と現象界が引き合うところに生まれる一つ目

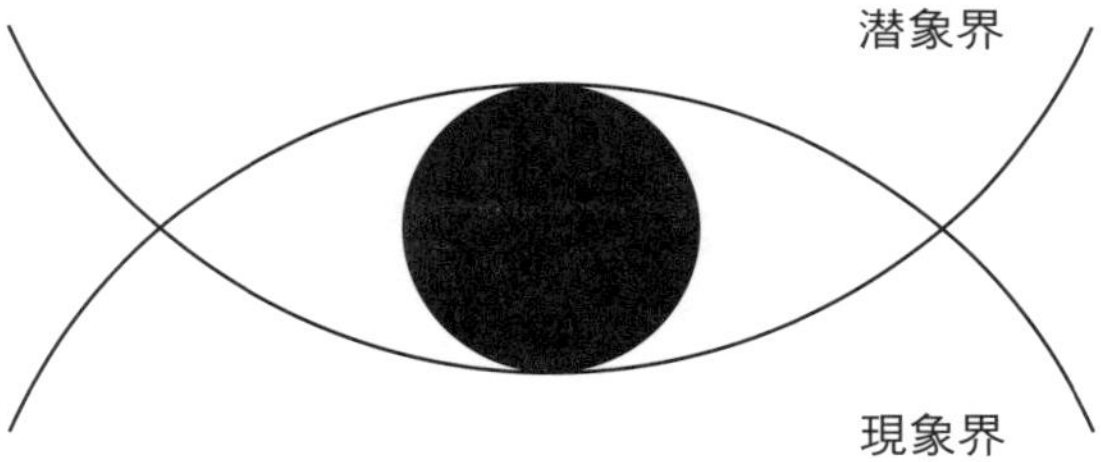

増える・震える

ミ　3次元、光子、実体

ヨ　4次元、陽、新しいモノ（時のエネルギー）

イ　5次元、陰、伝わるモノ

ム　6次元、広がり・無

ナ　7次元、核・重要なモノ

ヤ　8次元、飽和する（いっぱいになってあふれ、次は穴に入る）

コ　9次元、転がり入る・転がり出る

ト　10次元、統合する・1になる

では、今度は数字の形を見てみましょう。

形霊といって形にも意味がありますので、読み解いたり、本質を理解するための一助になります。

1は点が動くと一になります。2はそこに幅ができます。でも閉じ込められてはいません。3は2次元に突き刺しています。これは横から見た谷間です。上から見ると三という字になります。

4は、3が突き刺した世界を逆から見ています。すると8つの空間ができますから4は四と書くとき、その空間の中に八が入っています。

5は、四の中央の8のねじれが続くとプラス、マイナスが打ち消し合ってゼロとなり、真ん中に穴が空きます。それが5であり五です。5は穴を意味していますから、それが現象化して日本の5円玉、50円玉には穴が空いているのです。6の漢数字六は、△と▽が合体した文字で、なぞると六芒星（マカバ）になります。

7は、六芒星のマカバが回転するためには、真ん中に台風の目のように統合した中心点ができないと回りません。七は一つになって回り始めた形です。ここから統合した十ができますから、七の字の中に十がありますね。そして数字の「七」は文字の形

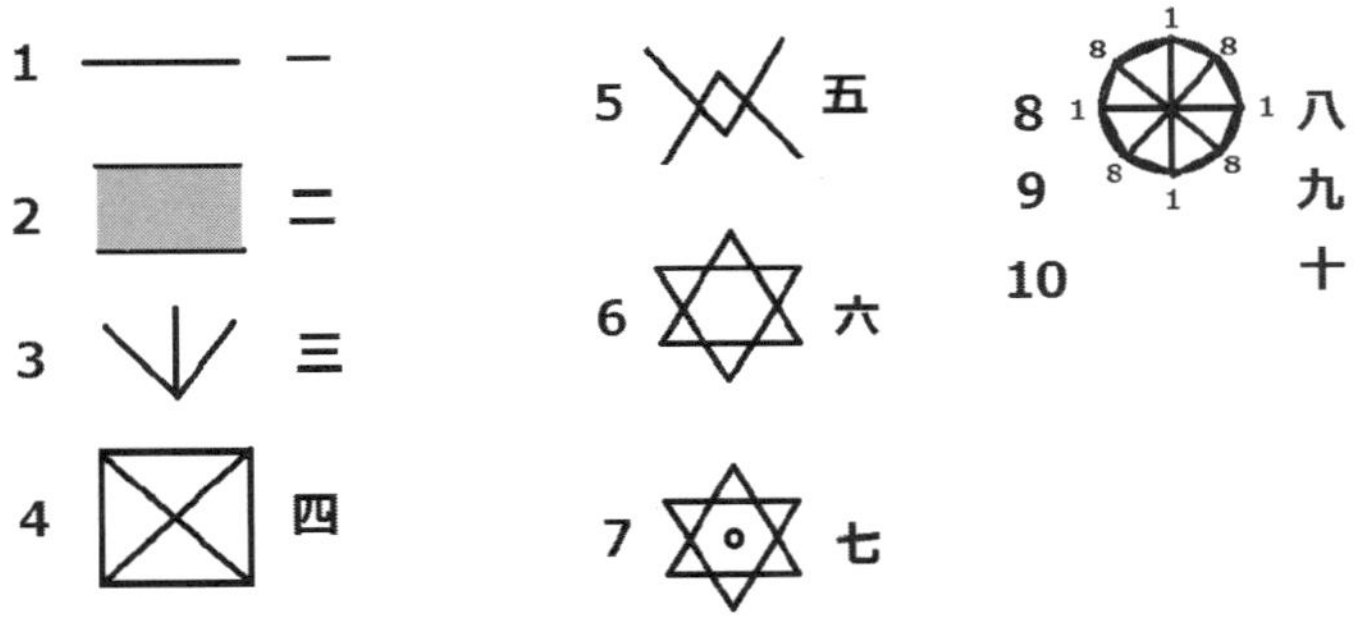

から充電の方向（左回り）に、カタカナ「ナ」は文字の形から右回り（放電）の方向に、マカバの2つの△▽が逆回転することを表わしています。そうすると8が出てきます。

八は離れるという意味で飽和数になり、八角形のヤタノカガミができます。これは水の表面張力がいっぱいになって飽和している状態です。そこに1滴でも水が落ちると表面張力は変わりませんが、こぼれます。その溢れるエネルギーが球体に回っていきます。

9で転がり入り転がり出るを始めます。8に9のプラス1が出たら、マイナス1が入って来る、という回りが始まり球体となります。そうすると回る中で新しい統合10となり1ができます。

この1はこれ以上九（球）の中に入りませんから、反転して外に出て、また新たに1から始まります。この循環をしているのが、1次元から10次元を持っている生命体、ヒ（一）とト（十）＝「人」なのです。

このように、言葉、数字、形、すべてには意味がありますので、それらをフル稼働させてカタカムナの思念を使って読み解くと、言葉は神ですからものごとの本当の意味がわかり、人生を動かすパワフルな手助けをしてくれるのです。

第2章 カタカムナで「令和」を読み解く

カタカムナの読み解きは振動を感じること

令和をカタカムナで読み解く前に、その読み解き方について少し説明したいと思います。とはいえ、ここでは詳しく説明する余裕はありませんので、関心のある方は、私の『カタカムナ言霊の超法則』『カタカムナ数霊の超叡智』（徳間書店）をお読みいただければと思います。また巻末に、思念表と数霊表を掲載しましたので、参考にしながらお読みください。もう理解されている方は、読み飛ばしていただいてもかまいません。

大前提となる9つの宇宙法則があります（詳細は、『カタカムナ言霊の超法則』）。

■宇宙法則1　トキは未来から過去へと流れる
■宇宙法則2　言葉と思念が逆の表現になる現象は循環を表す
■宇宙法則3　語順には必ず意味がある

■宇宙法則4　思念に善い悪いはない
■宇宙法則5　同音異義語の思念は共通する
■宇宙法則6　濁音はエネルギーの方向が反転する
■宇宙法則7　思念は時空を超越する
■宇宙法則8　潜象（思念＝思い）が宇宙の真の姿である
■宇宙法則9　宇宙法則に例外は一切ない

まず、読み解きたい単語や文章をカタカナに直し、1字1字に思念表に書かれた一言を当てはめ、順に並べていきます。そのとき大事なことは言葉の順番どおりに読み解くこと。最後に〝てにをは〟を付け加えて、自然な文章になるようにします。

具体的なケースでは、

① 濁音は清音が鏡に写ったものと考える。おおむね外に向かうのではなく「内なる」をつけて解釈する。
② カガミとかココロのように同じ音が続くときは、現象が繰り返すことを表す。
③ 「ン」は、それにかかる音を強める。

④　ッャョなどの小さい字は、意図しない自然現象を表す。
⑤　パピプペポの破裂音は、勢いを表す。
⑥　音引き「ー」は、比較的短い時間経過を表す。

数霊も同様です。数字にもエネルギーがありますから、言葉にそれぞれの数を当てはめて、足し算をしていき（濁音だけは引き算）、その合計数を思念で読み解きます。

また、48音の中には「ヰ」や「ヱ」「ヲ」など、現在ではあまり使われなくなった文字があります。現代はもう振動しなくなったため、「イ」や「エ」「オ」に吸収されてしまったのですが、じつはこれらの字には極めて重要な意味があります。「ヰ」の思念は「存在」で、「ヱ」は「届く」です。これは生命の核には本当の自分がいて、この本当の自分（存在）に「届く」という意味です。そして「ヲ」はそこに存在する自分自身です。

この言霊が振動していたから、日本人はすばらしい道義性を発揮していたとも言えますが、戦後、使われなくなって消えてしまったということは、現代の日本人は、残念ながら「本当の自分を見失ってしまった」ということを表しています。

こうしたポイントを踏まえて読み解きます。

ここでは初歩的な思念の読み方だけを紹介しましたが、思念をつなげただけで、なんとなく意味がわかるものと、まったく意味がわからないものとがあると思います。そのときは、状況とかシチュエーションを思い浮かべながら、八咫鏡の構造と照らし合わせ、あれこれ思索を巡らしていると、必ずひらめくときがあります。そのときが本質に近づいているときです。

あまり深く考えず、リラックスして、いろいろな想像をふくらませてみてください。繰り返しているうちに無意識の扉が開き、だんだんと読み解けるようになります。

「令和」が意味していること

では、カタカムナで「令和」を読み解いてみましょう。

レイワ　レ＝消失する　イ＝伝わる　ワ＝調和

消失とは、ゼロ空間のことを表しますから、**「ゼロ空間から伝わってくる調和のエネルギー」**と、読み解けます。

数霊で読み説くと、

24（レ）＋5（イ）＋7（ワ）＝36

36の思念は、「引き受ける」ですが、これは高度に読み解くと、永遠循環のトーラスの中心（穴）を表しています。なぜなら循環するエネルギーのすべてを引き受けて循環させせるのは、唯一トーラスの穴だからです。

また、36「セ」は、セヲリツ姫を表し、その意味は「引き受ける奥深くに現れるもの」であり、それはまた穴を意味しています。

今度は、音から見た「形」で読み解いてみましょう。

宇宙のすべては振動から成り立っているので、同じ言葉、数字、形、文字などは、本質は同じものを表しています。

令（霊＝ゼロ）↓〇
和（足す）　↓＋

〇十は、カタカムナ図象⊕のことです。

そして、「和」は倭という ように、「日本」を表す言葉でもあり、〇の中に入っている和（＋）とすると、**「日本が中心となって統合する」**と読み解くこともできます。

同じ音は同じエネルギーですから、「令」を「霊」ととれば、**「霊性が調和する」**と読み解けます。

また、〇はアナであり、聖杯であり、女性のことです。だから日本を「倭の国」と言い、倭の字の中に女が含まれているのです。

「倭」を破字《はじ》にして分解して読み解くと、**「イ（伝わるもの）がノ（時間をかける）**

いう意味になります。

木（エネルギーを持つ）女の国」という意味になります。

日本（倭）とは、十月十日（とつきとおか）をかけて命を伝える母の子宮を表しています。

令和はミロクの時代

令和の数霊は36でした。36を一桁ずつ足してみると、3＋6＝9となりますね。この数字を並べてみると369、ミロクです。

形で考えると三角形（3）が、六角形（6）になり、球（9）になることを表しています。これは△が▽と結びついて六芒星のマカバとなり、それが逆回転することで球体を作っていることを意味しています。

ここから「令和」の時代は「ミロクの時代」と読み解くことができます。

ミロクとは何でしょう。

ミロクを表す数字には、36、369、360（0は9のこと、また円を表す）などがあります。

ミロクとは、弥勒菩薩がこの世に下生して人々を救う未来の世のことですが、それを仏教では56億7千万年後だとし、ミロクを567と言っています。でも、そんなに時間がかかっては、それまで地球がもつでしょうか。もう、これ以上待てませんね。

それではミロクを表す567とは何か、カタカムナで読み解いてみたいと思います。「5、6」をカタカムナ48音に置き換えて読むと、「イマ」になります。また7は、「ワ＝調和」ですから、その意味は**「今が調和すること」**になります。

さらに、7はナナと読みますね。調和する2つのナナというのは、カタ（身体）とカム（命）の核（ナ）のことです。

7（ナ）＋7（ナ）＝14（核）です。

つまり、567のミロクの世とは、イマ（今）の根源（ナ）に調和すること、「今中へとひとつに調和させて生きる」ということになります。

今中とは心の中という意味です。今、心に思うこと、今、心から発する言葉、そしてその行動を心と完全に一致させることを表しています。

また56の数霊を持つほかの言葉に「生命（セイメイ）」があります。肉体をもって生きている命のことです。

仏教では、なぜこの数字５６７をミロクと読むのかというと、仏教の「仏」の字を分解してみるとわかります。イ（５）、ム（６）になります。ムは６の「マ」を意味しますから、「今」と「仏」は同じ意味です。そして７の調和が一緒になっています。

つまり、仏教とは、「今のセイメイ（56）を調和させなさい」という教えなのです。仏教では、死後の地獄や極楽の世界を詳細に解説し、お葬式や法事などを司っていますが、その目的は、死を説いて、生きていることのすばらしさ（中今）を悟らせる教えだということがわかります。

これは神道の教えも同じです。目指す真実は一つなので当然かもしれません。

日月神示が語るミロク

岡本天明氏が天啓を受けて書き下ろした『日月神示《ひつきしんじ》』では、「３４５（ミヨイズ）」

の仕組みがあるといい、それは５６７に至る仕組みだと言っています。

「日本のてんし様が世界まるめて治《しろ》しめす世と致して、天地神々様に御目にかけるぞ。てんし様の光が世界の隅々まで行き渡る仕組が三四五《みよいず》の仕組みぞ、岩戸開きぞ」（下つ巻第20帖）

それでは３４５（ミヨイズ）もカタカムナで読み解いてみましょう。

34は現世に出るとき、反転して43「黄泉〈よみ〉」となります。３（ミ）とは思念で「実体・光」ですが、この３の光はじつは光っていません。闇なのです。光とは闇が振動している状態（４）なので、振動をやめれば闇です。

その闇が振動して43になると、急に光があふれだすので、ヨミを黄泉（黄色の泉）と書きます。しかし、振動する光になるためには身体（５＝陰）が必要です。身体が闇に振動を伝え、光に変えるからです。

潜象の43からその肉体と黄泉のエネルギーが一つになり、現象界に反転して出てくるには、いったんメビウス反転を起こす必要があります。カタカムナで肉体と統合し、捻じれて出てくるという状況を５（イ）で「出す（いず）」と言っています。

「345（ヨミイズ）」とは、内側で反転して現象界に出てくるという陰陽の統合の段階をなくして、現象世界での567（みろく）はあり得ないという意味が読み取れます。これを別の言葉では、「岩戸開き」と言っています。

666も、また、ミロクと読めます。666はキリスト教では、悪魔に刻印された数字と忌み嫌われていますが、6をカタカムナで読み解くと、

6（マ＝真、間）とは受容、つまり受け容れるトーラスの穴です。この穴は感情が出入りする心（ココロ）となっており、

「ココロ」の数霊は、66（コ（16）＋コ（16）＋ロ（34）＝66　次々と転がり入り、転がり出る空間）となります。つまり、666とは「真」の「心」を表わしているのです。

このことは、また4章で説明したいと思います。

令和は「ヒフミ」が現象化するとき

「心」の数霊「66」の数字を「ロクジュウロク」という言葉にして、数霊に直すと、ロ（34）＋ク（11）－ジ（23）＋ュ（37）＋ウ（19）＋ロ（34）＋ク（11）＝123

ロクジュウロク＝123（ひふみ）となります。

さらに「ヒ（1）、フ（2）、ミ（3）」のそれぞれの数を三乗して足すと、$1^3+2^3+3^3=36$

36のミロクとなり、令和（36）はヒフミからできているということがわかります。

三乗するということは、縦×横×高さの三次元化を意味します。

つまり「ヒフミ（一、二、三）」が、この三次元の世の中に現象化するということです。

私はこの現象化する「ヒフミ」は、カタカムナウタヒ5首6首に示されている「ヒフミヨイ、マワリテメグル、ムナヤコト、アウノスヘシレ、カタチサキ、ソラニモロケセ、ユヱヌオヲ、ハエツヰネホン」というカタカムナ48音のことだと思います。

なぜなら、この並びは数霊の真理を伝えるものであり、カタカムナにしか示されていないからです。カタカムナ文献は、戦後1949年に六甲の金鳥山で発見されていて、それまでカタカムナウタヒのヒフミは誰にも知られていませんでした。

第二次世界大戦後のこの頃はイスラエルでも、死海文書《しかいもんじょ》（旧約聖書の写本を含む約2000年前の古文書）なる世紀の大発見が起きた時期でもあります。人類の歴史上、類のない悲惨な戦争が、多大なる犠牲と共に終結した後、日本とイスラエルに平和のエネルギーが現されたのだと私は考えています。

明治、大正、昭和、平成の時代を読み解く

ではこの章の最後に、令和の前はどんな時代だったのかを、読み解いてみましょう。

◇平成（ヘイセイ）↓外側に伝わるモノを、（内側に）引き受けて伝える時代

（平）22＋5＝27（凝縮）
（成）36＋5＝41（奥深くに出現する）
合計↓ 68（受容から離れる） ↓6＋8＝14（核）↓5（伝わる）

平成とは、外国からの影響を国内に引き受け、責任を果たしていく時代でした。凝縮した力が奥深くに出現し、その力が外国へと発揮され伝わる時代ということになります。では、平成時代では、

平成時代↓68－44＝24（消失する）

平成時代が「消失する」ということは、上でもなく下でもない、外国と日本が対等となる時代となります。日本人が持っていた敗戦後の自虐史観が消え、世界の責任あ

る国として他国と対等であるという立場をとるようになりました。

平成時代は、豊かになった反面、人々の関心が物から心に移り、精神世界への関心も高まった時代でした。自分探しが始まり、生き方が問われ、閉塞した社会の中で、「絆」が見直されました。

社会的にはサービスが充実し、コミュニケーションが大事にされました。コンピューターの発達がそれを加速させ、携帯電話を誰もがもつようになりました。

そして唯一、戦争がなかった平和な時代でもありました。日本の豊かさは、世界の人々の日本文化への関心を高めましたし、日本人の関心も、経済から文化へと移った時代でした。

◇昭和（ショウワ）↓示しが新しく生まれ出て調和する時代

（昭）23＋4＋19＝46（充電する）

（和）7（調和）

合計　↓　53（伝わる実体）

昭和時代↓（時代＝ー44）53－44＝9（発信放射する時代）

多くのモノを外国から取り入れ、それらを調和して工夫し、伝え、外へと発信する時代。

昭和時代は、第二次世界大戦で敗戦し、過酷な戦争からの復興を起こしていく激動の時代でした。戦後はものづくりが盛んになり、経済が目覚ましい高度成長を遂げ、社会制度が充実した時代でした。また、東京オリンピックを開催するなど、他国との交流が深まり海外と調和していった時代でもありました。

そして昭和は、明治以降、もっとも長く続いた元号でした。

◇大正（タイショウ）↓分かれて伝わる示しが、新しく生まれ出る

（大）26＋5＝31（場）

（正）23＋4＋19＝46（充電する）

合計↓　77（次々と調和する核の時代）

大正時代↓77－44＝33（漂う）

日本社会という場が、外国から多くのモノを取り入れ、日本のモノとしていく文化的に重要な時代。それらが日本の中で深化し、消化され、民衆の中にさまざまに漂う時代。

大正時代はたった15年間でしたが、大正ロマン、大正デモクラシーなどの言葉で表現されるように、ある意味で、文明開化のような時代でした。女性の社会進出も進み、また、第一次世界大戦があり、大正12年には関東大震災も起きるなど、激動の時代でもありました。

◇明治（メイジ）↓指向が伝わる内なる示し

（明）10＋5＝15（飽和する）
（治）-23（示しを取り容れる）
合計↓ -8（離すモノを容れる＝根源から出る時代）

明治時代↓ -8－44＝-52（実質数は99－52＝47（ホ）引き離す）

明治時代とは、すべてのモノを外国から取り入れる時代であり、古きモノを手放し、引き離していく時代でした。
飽和して、示しを取り入れる容れ物になるとあるように、開国・戊辰戦争を経て新政府が樹立され、都が京都から東京へ移されました。また欧米諸国を模範とした国内の近代化・富国強兵が取り入れられました。政治も経済も文明開化の波に乗って大きく躍進しますが、この後、日本の迷走が始まりました。

そして、この4つの時代を足してみると、

明治＋大正＋昭和＋平成↓　-8＋77＋53＋68＝１９０（産み出す「ゼロ」）

つまり、明治、大正、昭和、平成がつないできたものは、令和（零のわ＝ゼロ）を生み出すことだったということがわかります！

それでは、そこに令和を足すとどうなるでしょうか？

１９０＋36＝２２６（外側へと出る内側（間））

となり、反転を起こします。

ここから、これまでの流れが変わり、いよいよ日本が日の当たる表舞台に出て来るということが読みとれます。そして、令和の時代が訪れる前に、この４つの時代が必要だったことがわかりますね。

言霊と数霊で時代の「名前」を読み解くことで、このように、その時代の様相が明らかになりますし、また、新時代が意味していることも明らかになります。

新時代の到来

「令和」の読み解きからわかることをまとめてみますと、「ゼロから伝わる調和」というのは、まったく新しい調和のエネルギーが伝わる時代を示しています。それはまた、女性の時代の到来をも意味しています。なぜなら「れいわ」とは生命を産み出す女性器をも暗示しているからです。そして、それが日本から世界へと広がっていきます。

そのきっかけは〇十が示すように、カタカムナ文明の復興ではないかと私は思います。縄文時代には、1万年以上戦いがなかったと言われています。傷つけられた人骨がほとんど発見されていません。武器もなく、縄文土偶の多くは受胎した女性の姿を表わしています。そうしたことから、かつての日本の古代文明には、戦いがなかったと考えられています。

それはどういうことかというと、カタカムナが表しているように、彼らは存在の意味がわかっていたからにほかなりません。彼らは自分の命と、地球の命、宇宙の命は、相似形だと知っていました。そこには同じ命に対する尊厳があり、今のように比較や競争、また征服といった概念がなかったのです。

カタカムナに象徴される、戦いのない新しい時代が到来すれば、世界平和はもはや夢ではありません。その幕開けが令和の時代です。

私は令和の元号が発表されたその日、早速、カタカムナ研究会の皆さんに次のようなメールを送ったのです。

今日、4月1日、いよいよ新元号が発表されましたね！
「令和」すばらしいです。
今日が4月1日、発表は11時41分。
すべて14（カタカムナ「ナ＝核」の並びです）
また41はミロク魔方陣の中心の数（言霊はヲ＝奥深くから出現する）です。
レイワ＝消失（レ）が伝わる（イ）ゼロ空間（ワ）のことですね！

これは、永遠循環のトーラスの穴です。

また、令和の「令」とは、今＋1＝今の根源から出るを意味し、そして「和」とは調和。和＝◯（輪）、となりますね。いよいよゼロ磁場からカタカムナが反転して出てきます。

また、「令」とは、「今（11）＋1＝111」とも取れ、「和＝◯で1110」は、「次々と根源から出る根源のゼロ」と読めます。

これは、ヒフミの歌の数霊ですし、I（アイ＝私）が柱になれば、王＋◯で、カタカムナ学校のマークですね。

数霊では24＋5＋7＝36（3＋6＝9）ミロクの世の始まり。

また、36とは、核（カタカムナ）を表します。

セヲリツ姫の「セ＝36（引き受ける）」という意味です。

令和の省略「R（アール）＝在る」と同義語。在るとは存在（キ＝在りて在るもの）45ともなり、「私は在る」と示された究極の神「ヤハウエ」を表します。

出典は、純粋な日本の万葉集からとありますので、いよいよ世界の核として、日本から創造の嵐が巻き起こります。

一人一人が言霊を熟知した「精神の天皇」としての時代の始まりですね。
おめでとうございます！

第3章

天皇という奇跡の真心

三種の神器とは何か

カタカムナウタヒ80首の中心にある図象は、3パターンあります。一つは円に十字が切ってあり、円の外周に小さな丸が8つある図象です。それを「ヤタノカガミ」と言います。

2つめは、円に十字とひし形が描かれた図象で、「フトマニ」と言います。3つめはシンプルな円形で、「ミクマリ」と言います。

この3つが何を象徴しているか、おわかりですね。神道にとってはもっとも大事な宝であり、またいずれも天皇を象徴する三種の神器と言われています。

ヤタノカガミとは、八咫鏡であり、天の安の河の上流にある天の堅石を取り、天の金山の鉄を取り、イシコリドメノミコトに命じて作らせたという神聖な鏡で、三種の神器の一つであり、もっとも神聖な天照大御神の御神体です。

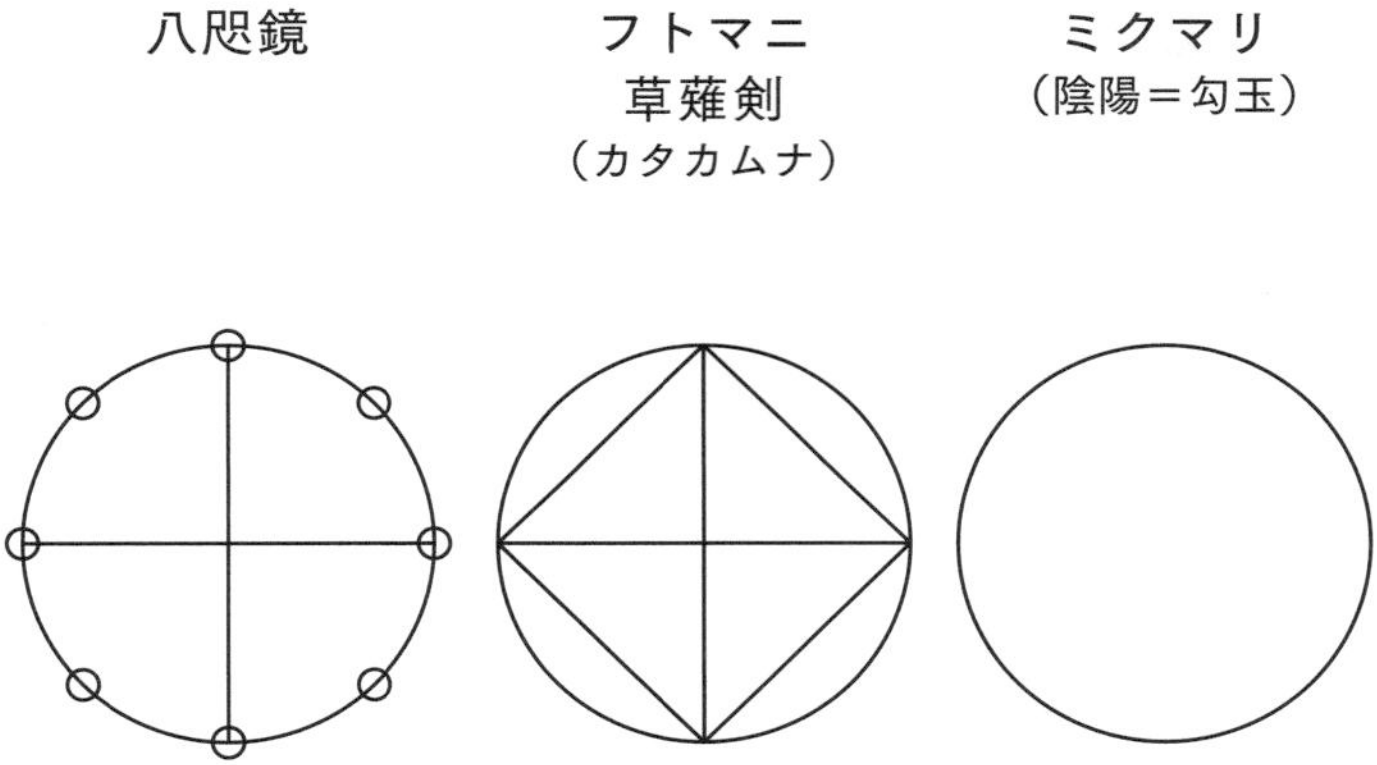

フトマニも三種の神器の一つで、八岐大蛇を退治したときにその尻尾から出てきた聖剣「草薙剣《くさなぎのつるぎ》」が出現する空間です。ひし形の図象は、剣を切っ先から真正面に見たときのかたちです。

そして、3つめのミクマリも思念で読むと「身が引きよったマリ（球体）」という意味になり、三種の神器の一つである「勾《まが》玉《たま》」です。勾玉というと陰陽を表す太極図を想像しますが、これは勾玉の見えている部分ではなく、見えていない部分と互いに合わさっている状態で、ひとつの球体になっています。

この大事な三種の神器が、なぜカタカムナの中心図象になっているのでしょうか。

カタカムナ文字は、縄文時代より遥かに古い縄文上古代に成立し、縄文人よりも前から日本列島に住んでいたカタカムナ人によって伝えられたと考えられています。そのカタカムナ人が、すでに三種の神器を重要なモチーフとして用いていたということは、現代に受け継がれる日本創世神話のルーツは、カタカムナ時代にあったと考えられませんか。そしてカタカムナ文明を引き継いだ縄文人が、彼らの教えと文明の痕跡を神話の中に残したのかもしれません。

天皇家に引き継がれているカタカムナの儀式

三種の神器のジンギを思念で読み解くと、

ジンギ＝生命の内側にある見えない大いなる示しのエネルギー

そしてシンキとは、

シンキ=大いなる示しのエネルギー

このことから、神器とは本質的にはエネルギーのことであり、三種の神器というのは、この世界や生命体を生み出し、維持するエネルギーのことを表しています。

そのことをよく表している儀式が、現在も皇室に引き継がれています。それは「立太子の儀」と言って、皇子が次の天皇に任命され、皇太子に即位するときに行われる儀式です。そもそも、皇室の行事は門外不出で、現在は一部マスコミに公開されるようなこともありますが、基本的に儀式の内容は現在でも秘密にされているようです。

私も話に聞いただけなので、細かなところはわかりませんが、それによると、マナの壺と呼ばれる器が儀式の重要な役割を果たします。その壺にはセラミック片が50個入っていて、油紙で蓋をしてあるそうです。

儀式では、天皇陛下が次の天皇となる予定の皇子に、その壺と一緒に小刀を一振りお渡しになります。皇子はその小刀で油紙を十字に切り、壺の中に手を入れて、セラミック片をひとつずつ取り出し、そこに彫られた文字を「ヒーフーミー」と読み上げるのだそうです。この儀式を経て、皇子は天皇の継承権をもつ皇太子となります。
私はこの話を聞いて、天皇家はカタカムナを引き継いでいるのだと確信しました。

カタカムナ文字にとって、十字はとても重要な意味があります。すべての生命、物質の核であり、そこからトキトコロ（時間と空間）が発信・放射され、生命活動が維持されていると説いています。そして、それこそが宇宙のすべての生命、物質に一貫する共通の性質、相似の象（カタチ）だと言っています。

この中で「十」は、エネルギーの放出口であるとともに、進入口でもあり、エネルギーが放出されてぐるっと巡って、また戻ってくるという循環の「要」の役割を果たします。その様子を表しているのが、カタカムナ文献の渦巻き紋様です。そして、カタ（カタチあるもの）とカム（生命エネルギー）を統合するナ（核）は、十に通じます。

その視点で立太子の儀式を見てみると、それはカタカムナウタヒの渦巻き文様の通り、中心図象の十字から言霊が次々に放出される様そのものを模していることがわかるのです。

高御座《たかみくら》は命のシステムを象徴

天皇の即位を国内外に宣言する「即位礼正殿の儀《そくいれいせいでん》」では、陛下が玉座の高御座に立たれ、そこで即位を宣言されます。その高御座は、黒漆塗りの浜床を土台に八角形の床板と8本の円柱が大屋根を支える構造になっている伝統的な建造物です。屋根の中央には金鳥が飾られています。奇しくもカタカムナは六甲の金鳥山から発見されました。ここにも不思議なつながりを感じます。

また、兵庫県高砂市には同名の高御位《たかみくら》という山がありますが、そこは九鬼文書《くかみもんじょ》という古文書が出たところとしても知られています。

その山頂には天乃御柱天壇がありますが、天壇とは天につながる穴のあいた中心のことを言います。そこに「天君再臨　霊界粛清」と書かれています。それを読み解くと、「天君が再来して霊界が粛清される」という意味になり、またその裏には世界平和と書かれています。

「即位礼正殿の儀」で、玉座「高御座」から即位を宣言される天皇陛下。奥は「御帳台」に立たれる皇后さま（宮殿・松の間 2019.10.22）

その高御位山とエネルギー的につながっているのが、沖縄にある平和祈念堂です。ここにも見えない高御座があります。ここは戦時の激戦地であり、多くの方が亡くなったところですが、そこでの天皇の思いとは、激戦地の真ん中で平和を祈るということでした。そして中央の観音様が置かれているところは天壇になっています。その天井には七角形の穴があいていて人工の星が見えます。

この沖縄の平和祈念堂と兵庫県の高御位山とはエネルギーでつながっています。六甲の6と、球体の琉球9をつなぐ天皇が立つところ（3）が高御座であり、カタカムナを表すところです。天皇がお座りになるところは高御座ですが、それは命の核の中心のことですから、じつは天皇とは命のシステムの尊さを象徴するものなのです。

天皇の数霊は「96」、そして高御座の数霊も「96」です。9と6とは、永遠循環のトーラス（69）を表す数字です。

「君が代」が歌っているもの

こうした日本の縄文文化を引き継いでいると思われる天皇家ですが、その本当の意味は、今では見えにくくなってきていると思います。

国歌「君が代」は、10世紀に編纂された『古今和歌集』がベースとなって、明治時代に曲がつけられたということが定説になっていますが、じつは、沖縄の久米島の神歌に元歌があったとも言われています。

『邪馬台国総合説　赤椀の世直し』を書かれた名護博先生は、「おもろそうし（心を込めて思う）」という神歌の中に、「君が代、神が代」という対句があり、日本の国歌はそこから来ているとおっしゃっています。

「君が代」の歌詞をそのまま読み解くと、地球の調和と平和を切々と祈る歌詞になっています。

「あなた方（私たち）の時代が、いついつまでも、続きますように。小さな小石が、次第に大きな巌となるまで成長して、何事もなくその周りに苔が生すまで、どうか平和であり続けますように」

神武天皇の3代前、ニニギノミコトの奥さまはコノハナサクヤヒメです。コノハナサクヤヒメの本名はカムアタツヒメと言い、薩摩半島の阿多というところにいらっしゃった姫ですが、琉球出身だったと思われます。

そしてその子供の山彦の奥さまは、トヨタマヒメという南洋の島から来たお姫様ですが、その方も琉球から来られた姫でしょう。

ウガヤフキアエズノミコトの奥さまタマヨリヒメも、隼人の祖先海彦に代表される海洋民族から来た方なので、神武天皇までのお妃はみな海洋民族（祖先は琉球方面）から来ていると考えられるのです。

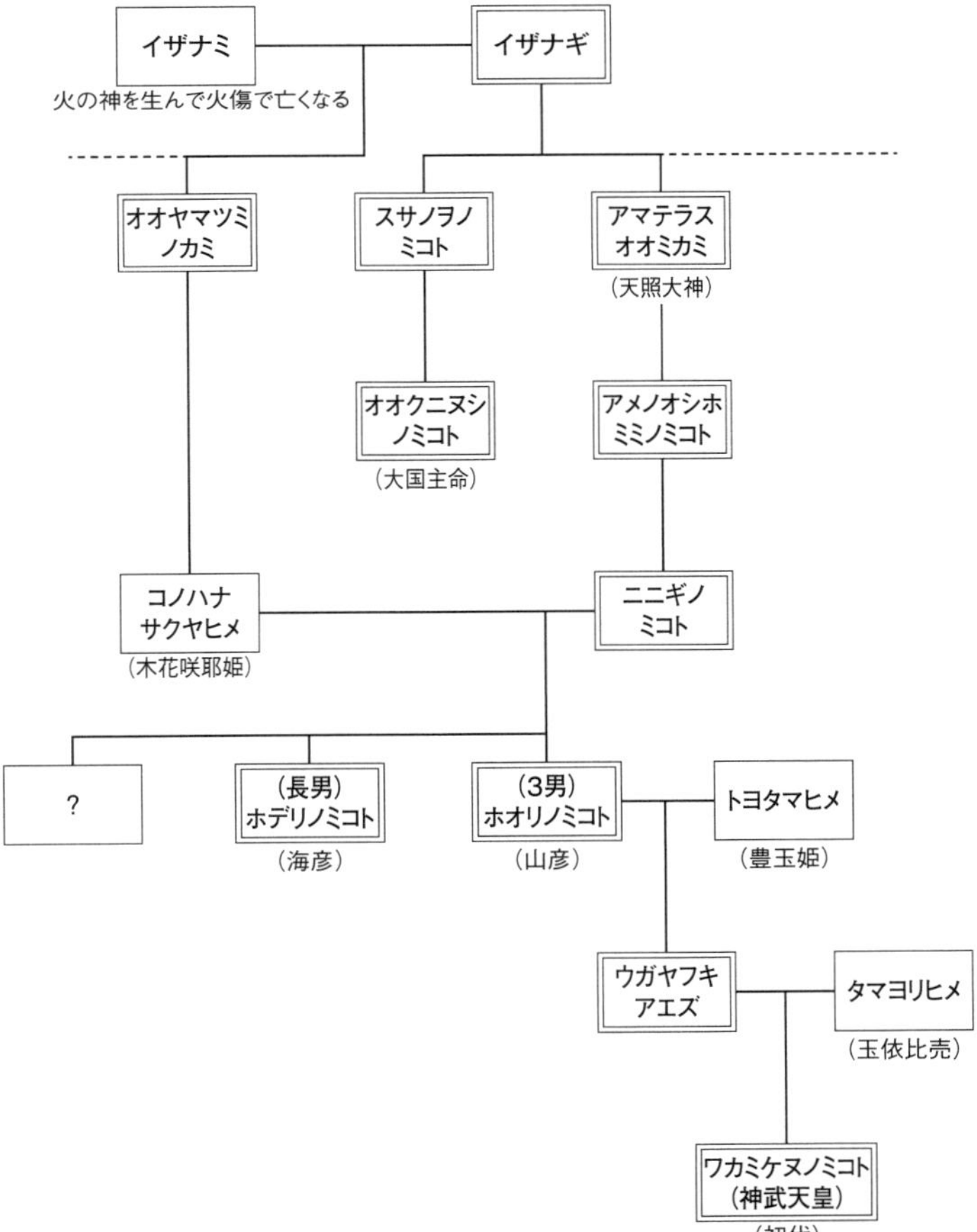
イザナミ
火の神を生んで火傷で亡くなる
イザナギ
オオヤマツミ
ノカミ
スサノヲノ
ミコト
アマテラス
オオミカミ
（天照大神）
オオクニヌシ
ノミコト
（大国主命）
アメノオシホ
ミミノミコト
コノハナ
サクヤヒメ
（木花咲耶姫）
ニニギノ
ミコト
?
（長男）
ホデリノミコト
（海彦）
（3男）
ホオリノミコト
（山彦）
トヨタマヒメ
（豊玉姫）
ウガヤフキ
アエズ
タマヨリヒメ
（玉依比売）
ワカミケヌノミコト
（神武天皇）
（初代）

皇室の祖先と、琉球の姫君たちが一緒になって天皇家は始まりました。そのお妃たちを、日本のお母さんのように思い、平和になれという思いを込めて神歌「君が代」は作られたのではないでしょうか。

久高島の御嶽《うたき》（沖縄・奄美地方の聖地）に供えられているのは、万年貝、千年貝ですが、それを国歌では千代に八千代にと歌っています。そのほかにもいろんな島の御嶽に万年貝、千年貝が供えられているのはみんな神歌「君が代」から来ていると、名護先生はおっしゃっています。

「切々と平和を祈る歌」これが「君が代」の現象界の言葉の意味ですが、驚くことに、「君が代」を潜象界の思念で読み解くと、その意味はさらに深くなります。

じつは、「ことば」の意味と思念読みは、表と裏のパラレルワールドになっています。同じ音が、ことば（結果）と思念（原因）を同時に表しているのです。そこで「君が代」の思念を読み解くと、はからずも「地球創生」の物語が浮かび上がってきます。そのとき初めて「君が代」の平和を願う言葉の意味（表）は、地球の平和だったことに気づきます。

思念で読み解くと、地球の平和を実現するために、この地球は生まれたという、この歌に込められた壮大な意志を読み取ることができるのです。
そこからこの歌を国家として歌っている日本人の使命は「地球の平和を実現すること」という意味になり、きわめて重大になります。その思念読みを要約すると、次のようになります。

イザナギ（電子空間＝物質）とイザナミ（時＝トキ）が大きく引き合うことにより、地球が造られ、地球の核ができ、地球のまわりに目に見えない大気圏と電磁場圏ができて、地球を守る盾となり、自転公転しながら（日月を重ね）、地球に生命を育んでいる様子が述べられています。
また、その地球の核は、地球の意志（石）を発信放射していると言っています。これは潜象界の言葉であり、現象界の言葉は、先ほど述べたように地球の調和と平和を切々と祈る内容になっています。

その2つ（原因と結果）を合わせると、**「地球は、人類、生物、万物のすべての生命が、いつまでもいつまでも平和であるようにと、イザナギとイザナミが力を引き合**

うことにより、年月をかけて成った天体である」という意味になるのです。

ちなみに、イザナギは、陰（5）の世界にいる陽であり、イザナミは陽（4）の世界にいる陰です。またイザナギは陰の空間（粒子）を充たすエネルギー（陽）であり、イザナミは陽のエネルギーを波として伝える陰です。

ですからイザナギとイザナミはコインの裏と表のように異次元に存在するため、共に出会うことはないのですが、お互いに欠くべからざる存在として、この世では常に共に存在しているのです。

そして、地球の核は、地球のイシ（意志・石）を発信・放射します。それは生命を産み育てる星になるのだという意志です。

ユダヤと日本が一つになるという意味

ヤタノカガミは、見える世界（現象界）と見えない世界（潜象界）をつなぐと言いましたが、その中心には目（メ）ができます。現象界と潜象界の境目から転がり入るその中心は目です（P38参照）。

目とは何でしょうか。

カタカムナの「ナ」は＋で、統合する（足す）ことであり、「メ」は×で、掛け合わせることです。この2つが一緒になって八方向の八咫の鏡になります。

そして、「メ」はユダヤを、「ナ」は日本を象徴しています。

日月神示では、次のような内容を言っています。


「日本もユダヤも5と5であり、両方も片端ですが、ユダヤという西洋文明の発祥地と、日本という東洋文明の発祥地が2つ合わさったとき、世界が平和になる」

西洋では十字架のことをクロスと言いますが、クロスとは「×《かける》」の形であり、「メ《め》」を表しています。日本は「ナ」という和の国、統合の国で、足し算「＋」の国です。これを一つにすることで、永遠循環ができるのです。


このナ（na）とメ（me）を合わせることで「name（名前）」となります。名前とは言霊のことを意味しています。

また、「The name」というのは、隠された言葉でヤハウエという中心存在を指しているそうです。ユダヤ教やキリスト教では、中心の神の名は呼んではいけないと言われていて、発音しないで来ています。発音すると言霊ですから現象化するのでしょう。そのヤハウエというのは、ヘブライ語で「The name」という意味をもつというのです。私という名前や、ものそれぞれには、唯一それしかない名前がついています。すべてにある名前とは、じつは言霊のことなのです。

聖書にもまた、言（コトバ）でこの世はできていると書かれています。聖書というのは、これも後述しますが、「聖」の字が表しているように破字にして読むと、「耳から は入り口から出るものが王」だと書いてあるものだということがわかります。やはり言葉のことを言っているのです。

ですから西洋も東洋も言っていることは、じつは一緒なのです。でも、それを読み解けるのは、今読み解いたように、日本語48音や文字でなければできません。そこが鍵です。

優れた超能力者として知られたブルガリアのベラ・コチェフスカは、伊勢の多賀宮《たかのみや》の神殿の前に歩み出した際に、出現した神のお姿を見て、ひれ伏して泣いたそうです。

彼女はその神はユダヤの神ヤハウエであったと語っています。そしてこう語っています。

「日本は地球のヘソのようなもの。宇宙からのエネルギーを一番ストレートに受ける特別な聖地です。じつは、イエスも、モーゼも、マホメットも、日本に来たことがあるのです。瞑想により日本に霊魂として訪れて、この地に住む精霊と交わり、多くのことを学び悟ったのです」と。

一人一人が心の天皇になる

日本では天皇のことを象徴と言っています。これは大きな意味を持っています。上皇陛下は、生前退位を告げられたとき、次のように述べられました。

「私が天皇の位についてから、ほぼ28年、この間私は、我が国における多くの喜びの時、また悲しみの時を、人々と共に過ごして来ました。私はこれまで天皇の務めとして、何よりもまず国民の安寧と幸せを祈ることを大切に考えて来ましたが、同時に事にあたっては、時として人々の傍らに立ち、その声に耳を傾け、思いに寄り添うことも大切なことと考えて来ました。

天皇が象徴であると共に、国民統合の象徴としての役割を果たすためには、天皇が国民に、天皇という象徴の立場への理解を求めると共に、天皇もまた、自らのありように深く心し、国民に対する理解を深め、常に国民と共にある自覚を自らの内に育てる必要を感じて来ました。……」

そこに私心はありません。国民の安寧と幸せを祈り、常に寄り添ってきてくださった姿があります。その天皇の数霊は、96です。

テ（9）＋ン（48）＋ノ（20）＋ウ（19）＝96

これはトーラスの外側から内側へと入ってくる流れのことですが（トーラス69は内側から外側へ出てくる渦）、じつはその渦は両方一緒に起きています。さらに9は

「空《フウ》」を、6は「無《ム》」を表していますので、**天皇というのは空から無へ、すべてを集めて無に帰す、つまりすべてを浄化している人**のことです。

それは中にある汚れを全部飲み込んで十字架にかけられた、イエス・キリストと同じ役割を表しています。イエス・キリストはユダヤの王であり、天皇は日本の王です。

また、96は球体の原理を表していて、9と6の真ん中にある3が出たり入ったりして回転する369（ミロクの世）の原理を物語っています。それは命でもありますから、スメラミコトとも言います。思念では、（一方方向に進む目の場で、3が転がり入って統合する）となり、6（無）と9（空）を動かす「3」を表しています。

それは特別の人のことを言っているのではなく命のことです。そしてまた、それは私たち人間のことを表しています。

カタカムナ学校の校旗には、王の字が入ったマークが描かれています。このマークが示しているのは、異なったものが統合し、そのエネルギーが球体となって発信することを表しています。

なぜ真ん中に王があるのか。**「王」という字をよく見てください。**

カタカムナ学校
Katakamuna School

王というのは羊からできています。羊というのは、みんなに付和雷同し、自分が何者かを知らない、無知な私たち自身であり、また集合意識を指しています。けれど、その羊の上の「ソ」が外れると（「ソ」は外れるという思念）、中心に集約して王になります。

羊が次元を上昇すると、自分が本当は力を持っていることに気がついて、王のエネルギー、陽のエネルギーを発現するのです。そしてそれが突き抜けると、反転を起こして今度は神になります。

ですからイエス・キリストは「私は神の子羊だ」と、言いました。その人がユダヤの王だということで処刑されて、イエス・キリストという神になったのです。

西洋東洋を問わず、真理の本質は一つです。言い伝えられていることのすべては、それを象徴しているのです。私たちは十字架にはイエス・キリストが磔《はりつけ》にされたと思っていますが、本当は羊であり、王であり、神になる自分の命だということがわかります。

その自覚によって、反転を起こして神になるというのは、私たちのことです。そしてまた、羊であり続けることも自由です。

私たち一人一人が王という心の天皇になり、すべての現象を自分が作り出しているのだということを自覚することで、私たちは神になり、天皇になり、自分が思う現象を作り出していけます。

一人一人が心の天皇になること、それが世界を変える唯一の方法です。

第4章 イスラエルへの旅

世界平和のカギを握るイスラエル

イスラエルでカタカムナのセミナーを開催することを目的に、２０１８年12月11日から26日まで、「カタカムナイスラエル伝道ツアー」と銘うって仲間とともにイスラエルを訪問しました。

この旅をコーディネートしてくれたのは、イスラエル在住の市原常義さんでした。市原さんとは２０１３年、六甲で私が最初に行なったカタカムナセミナーで出会いました。その彼がイスラエルに戻ったので、私はいつか、そこを訪ねたいと思っていたのです。

市原さんは、ハイファ、テルアビブ、エルサレム、ナザレの4カ所で、カタカムナセミナーを開催する準備をしてくれました。平和への小さいけれど確かな渦を共につくることができたと思います。

オリーブ山から見たエルサレムの街並み

イスラエルは、地中海を挟んでヨーロッパと対峙するアジアの最西端です。周囲をレバノン、ヨルダン、エジプトに囲まれ、その大きさは日本の四国ほどの小さな国。首都エルサレムは、世界の三大宗教、ユダヤ教、キリスト教、イスラム教の教徒たちにとっての聖地であり、聖都です。また、のちにキリストと呼ばれるようになるイエスが生まれ、洗礼を受け、奇跡を起こし、十字架に架けられた地でもあります。町そのものがそのまま宗教史を物語っています。

そのエルサレムの町が見下ろせるオリーブ山の上で、私たちは黄金の門に向かって、お能を奉納し、世界平和を祈りました。

旧市街を取り囲む城跡には8つの門があ

りますが、なかでも東にある黄金の門は唯一閉ざされています。ユダヤ教徒は、東からやってくる救世主が、この門からエルサレムに入ってくると信じています。それをはばもうとイスラム教徒は誰も通れないようにこの門を塗り固めたのです。

ところが、その門の前は広大なユダヤ人の墓地が続いていて、近寄ることもできません。多くの人が死んでからも救世主を待ち続けているのです。

私たちはこのオリーブ山から、塗り固められた黄金の門に向かって、お能の「カタカムナ平和の詩」を謳いました。それは神の枕詞「ちはやぶる〜」から始まります。「チ」は「凝縮」で、閉められたという意味があり、「ハ」は引き合うものという意味ですから閉じた門を表しています。それを「ヤブル〜」と歌ったのです。

そのとき、その言霊のエネルギーがたしかに門を破ったと、私は確信しました。歌い終えたときには、本当に門が崩れ落ちたと思ったほどの言葉のエネルギーが突き抜けました。

門は崩れませんでしたが、その目に見えないエネルギーは、門を通り抜けたと確信しています。しかも、この詩を歌うと、いつもどこからともなく人が集まってくると

イスラエルでのカタカムナセミナー

いう奇跡が起きました。

カタカムナセミナーでは、ホテルや学校の講堂を借りて現地の方々を招き、カタカムナの入門編として、生命を尊ぶ縄文文化、見えるものと見えないものの統合、言霊や数霊などについて、私が英語でわかりやすく説明し、お能の「カタカムナ平和の詩」を披露しました。

ナザレの公民館で3回目のセミナーを開催したときは、英語、日本語、アラビア語が入り交じってのセミナーとなり、陰陽、勾玉、イスラエル国旗の六芒星と⊕の関係などについて、熱心な質問が続いて、私は確かな手応えを感じました。

なかでもみなさんが関心を持たれたのは、

数霊による氏名の読み解きでした。質問者の名前をカタカナで表記し、48音数霊でその特性を読み解くと、その方の職業にピッタリ当てはまったりして歓声が上がりました。数字は万国共通語なので、名前の読み解きはカタカムナの入口としては大変有効でした。

私たちの旅は、テルアビブからハイファ、死海文書が発見されたクムラン、死海、ガリラヤ湖、エリコ、ナザレ、ベツレヘムなどを巡りながら、行く先々で、イスラエルが、日本が、世界が平和でありますようにと祈りました。

ハイファからナザレに移動中、ベート・シェアリム遺跡に寄りました。かつてローマ帝国に滅ぼされたユダヤ人たちが逃げ込んだ岩窟には、墓群とともにユダヤのシンボルや神話、幾何学模様などが、さまざまな言語で彫られていました。そしてイスラエルの国のシンボルである7本枝の燭台、メノラーの説明がスライドで始まりました。そのメノラーは盗まれて今はないのですが、その真の姿がわかったときに世界平和が訪れると彼らは言います。

また、最近発見されたナザレ修道院の洞窟は、イエスやその家族が住んでいたであろうといわれ、そこには「正しきもの」と称される2つ並んだお墓もありました。
エルサレム市内にあるヴィア・ドロローサ（悲しみの道）は、イエスが十字架を背負って磔刑に処せられるゴルゴダの丘まで歩いた道ですが、私はそこを沖縄から持参した塩をまきながら祈り歩き、イエスの跡を私たちが継いでいくことを決意しました。12月21日は、イエス・キリストが奇跡を起こしたガリラヤ湖で世界平和を祈り、12月24日のクリスマスイブは、イエス・キリストが生まれたベツレヘムで迎えました。世界中から集まったキリスト教徒たちで溢れかえるなか、紛れ込んでしまった教会がなんとイエスの生まれた生誕教会で、そこで行われていたミサに出席することができたのです。

後から考えると、必要なときに必要な場所に導かれるように訪れていたことがわかりました。イエス・キリストが生まれたとき、東方で尋常なく光る星を見た3博士が、ユダヤの王としてお生まれになった方を捜してベツレヘムを訪ね来て飼い葉桶のイエスと対面しました。

私たちもまた、東の国日本から12月24日にベツレヘムに行ってミサにあやかり、飼い葉桶に入ったイエスと共に写真を撮りました。振り返るたび、この旅が偶然ではなく、導かれた必然の旅だったことがわかりました。

能でわかる時間の本質

世界平和のためにイスラエルへ行くと言ったとき、カタカムナ学校の生徒さんでもある黒田順子さんが、私も行きますと手を挙げてくれました。そして長年お能を学ばれている黒田さんは、イスラエルでお能の言霊を響かせたいと、すばらしい創作能「カタカムナ平和の詩」を創ってくれました。黒田さんの指導の下、私たちも特訓を重ね、何とか衣裳をつけて謡《うたい》ができるようになりました。

イスラエルを回るなかで私たちはお能の威力に感動したのですが、ここでは、能とは何か、読み解いてみましょう。

ノウ＝ノ（時間を）＋ウ（生みだす）
数霊39＝突き抜く、貫く

時間を生み出すということは、今です。今しかないので、能は今というトーラスの真ん中から生まれるエネルギーを意味し、時計回りに動きながら時を生み出します。数字は時を表します。命も寿命がありますから時ですね。陽のエネルギー、振動も時です。心の揺れというのは、時が過ぎていくことを感じています。何も感じなければ時はないのですが、何かを感じるというのは時を感じているのです。

能は時を生み出すことで、現在、過去、未来の意識をまた生み出します。すべては時ですが、滅びる肉体がないと、時も存在しません。滅びるものが永遠に滅びなければ、時は経たないのです。滅びるその速度を時と見ています。

日本人の心は、言霊の中に振動しているものが時だと知っていますから、それを「わび」、「さび」の美学に高め、それを愛でたのです。

「わび」「さび」は、失うものに対する美学です。永遠にあり続けるものに美しさはありません。失いながら再生していくものこそが美しいと感じています。失うものこそが美しいという思いが、日本人の美意識の根底にはあるのです。

みんな死んでいくことを知っていて、だからこそ今生きているトキを大切にし、許し合い、愛し合って生きようと、日本人は考えてきたのですね。

能舞台には、必ず松の木があります。

「松」という字は破字で読み解くと、木（エネルギー）＋ハ（引き合う）ム（六・広がり）と書きますが、それは逆回転でエネルギーを作り出すマカバのことであり、六芒星のことなのです。そしてマツとは「待つ」と同音であり、今という止まっている今のことです。

能舞台は中央が四角で、そこから斜めに廊下が出ていますが、それは坂を表現しています。その坂は、古事記の黄泉比良坂《よもつひらさか》で、あの世を表しています。

能は今の中の思いの世界に入っていき、現在、過去、未来の時間を一つにしていきます。その音は、母音を長く伸ばしながら発しますから、その音が共振共鳴を起こします。

ここから能は、命のトキのシステムを私たちに伝えているすばらしい日本文化だということがわかります。

そうして私たちはお能によって日本語の母音を、シオン（子音）の国イスラエルで響きわたらせたのです。

私たちは広場を見つけると、そこで「カタカムナ平和の詩」を謳って舞いました。最初は誰もいなかったはずなのに謳い終えて振り向くとそこにはいつも人垣ができていました。どこからか人が湧き出してきたかのように次々と集まってきたのです。それはやはり母音の力だと思います。

そのとき聖書や日月神示が語る言霊の力、とくに母音の力を、改めて感じました。母音の力とは、母親が子供を思う力です。「君が代」が歌っているのも、母なる地球のその思いです。

そして、イスラエル国歌の歌詞を見ると、やはりユダヤの人たちも意識せずに日本を思っているであろうことがわかります。

心の奥深く、絶えることなく今もまだ
ユダヤの魂はあこがれる
はるかかなたの東の果て

眼差し向かう、それはシオン
われらが希望は今もここに
二千年にわたる夢
われらが大地に自由の民が
そこはシオン、エルサレムの大地

シオン（１１１）、エルサレム（１２０）の大地というのは日本のことです。

シオンの１１１は「光」を表し、エルサレムの１２０は「ゼロ空間」を表します。

つまりは、「光の元→日本（ヒノモト）」を表しているのです。「シオン」「エルサレム」を「日本」として読み解くと、この国歌が意味するものが切々と胸に響いてきます。

日本もまた、あなたの世が千年も万年も何ごともなく平和であり続けるようにと「君が代」で歌っています。「日本とユダヤが一つになる祈り」は、こうしてずっと無意識の中で続いているのです。

北緯33度線上のガリラヤ湖で世界平和を祈る

12月21日朝、ガリラヤ湖に向けて出発しました。ガリラヤ湖は、イエス・キリストが数々の奇跡を起こしたことで知られる湖です。私たちはここで世界平和を祈ることにしました。

十字架刑の後、復活したイエスは弟子の漁師たちに、網で153匹の魚を獲らせました。

「シモン・ペテロが彼らに言った『私は漁に行く』。彼らは言った『私たちもいっしょに行きましょう』。彼らは出かけて、小舟に乗り込んだ。しかし、その夜は何もとれなかった。…イエスは言われた『舟の右側に網をおろしなさい。そうすれば、とれます』。そこで、彼らは網をおろした。すると、おびただしい魚のために、網を引き上げることができなかった。…それは百五十三匹の大きな魚でいっぱいであった。そ

れほど多かったけれども、網は破れなかった」（ヨハネの福音書21－6）

ここに登場する153という数字には深い意味が隠されています。153は三角数（トライアングル・ナンバー）ですが、三角数の中でも非常に特別な意味を持った数です。

ほかにも、数霊153の言葉を見ると、

正四面体＝153
フィボナッチ（45）＋数列（108）＝153
時間（50）＋空間（103）＝153
日本（127）＋ユダヤ（26）＝153
大調和（36）＋の（20）＋渦（－2）起こすなり（99）＝153
令和元年＝153

などがあります。

星形正八面体（マカバの形）

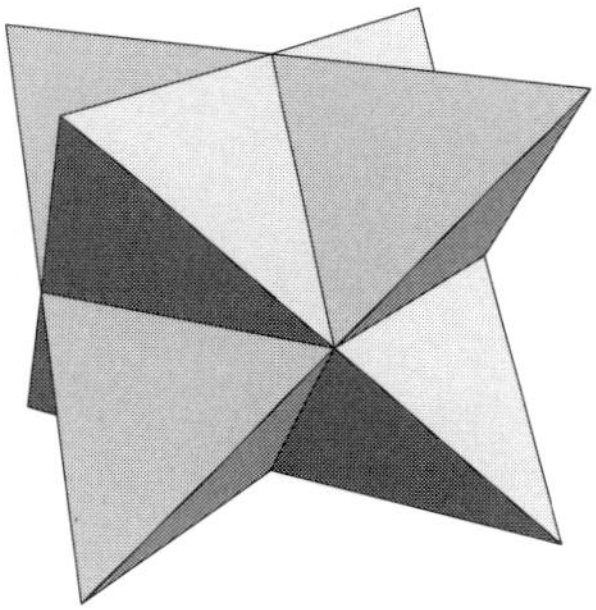

それでは１５３の何が特別なのか見ていきましょう。そのまま読み解くと、

１５３（ヒャク・ゴジュウ・サン）→ 27＋17＋76＝１２０（止まるゼロ空間）

１５３の数値は1、5、3ですが、これらを各桁の数を３乗して足すと、

（１×１×１）＋（５×５×５）＋（３×３×３）＝１５３

３乗するというのは、縦×横×高さであり、立方化するということだと言いました。幕屋の至聖所が立方体（マカバの形）であったことにも見られるように、立方体は重要な神的象徴であり、

「3乗」するというのは、それにかかわっています。そしてまた3で割り切れる数字はすべて一桁ずつ3乗していくと、やがては153に収束します。つまり、すべての数字の3分の1は153になるということです。

そして、153は、カタカムナウタヒ5首、6首、「ひふみ48音」の1（ヒ）〜17（ト）までの整数を全部足した数です。

1＋2＋3＋4＋5＋6＋7＋8＋9＋10＋11＋12＋13＋14＋15＋16＋17＝153

つまり、これはヒトを表しているのです！

イエスは弟子たちに言いました。

「あなたがたを、人間をとる漁師にしてあげよう」（マルコ1‐17）

網にかかった「153匹の魚」は、福音を通して最終的に救われる人々を象徴していると言われています。ゼカリヤ書（13‐08）にはこう預言されています。

「この地のどこでもこうなる」と主は言われる。三分の二は死に絶え、三分の一が残る。この三分の一をわたしは火に入れ、銀を精錬するように精錬し金を試すように試す。彼がわが名を呼べば、わたしは彼に答え「彼こそわたしの民」と言い、彼は、「主こそわたしの神」と答えるであろう。

最終的に、神の救いに入る人の数は、全人類の3分の1だと言っています。あとの3分の2は、神への信仰を拒むために、自分の罪の中で滅びるであろうと。
また、153を　15と3に分けて読むと、

15（ヤ）・3（ミ）↓　闇（ヤミ）

闇とは、振動すると闇ではなくなり、その中から泉のように（黄泉）光が湧き出てくると説明しました。153（ヤミ）とは飽和する光、つまり闇から光に代わる飽和数（限界数）なのです。そのことは聖書にも次のように書かれています。

「光はやみの中で輝いている。やみはこれに打ち勝たなかった」

「光はやみの中で輝いている」とは、光と闇はじつは同じものだということです。闇に振動が加わると、光となって外にあふれ出てきます。それを「やみはこれ（光）に打ち勝たなかった」と表現しています。その限界数が（飽和数）が153ということなのでしょう。つまり、闇とは光の源なのです。

このように3で割り切れる三角数の153は、さまざまな意味を含んでいます。数字は言霊のエネルギーですから、そのエネルギーは多くのことを物語っています。

さらにガリラヤ湖は、北緯32度50分と、ほぼ33度線上にあります（その重要性は次章で述べます）。そして、その形は、沖縄の玉城の門（ゴホウラ貝を模す）がそうであったように、子宮の形をしています。私はそういう地であるガリラヤ湖こそ、世界平和の祈りにふさわしい地だと考えたのです。

そして、その祈りの御神事が終わった途端、本当に不思議なことに湖面に大きな魚が数匹、跳び跳ねました。そして、白い鳥の群れが現れて湖面を滑るように飛んだかと思うと、上空へと列をなして飛んでいきました。

日本語とヘブライ語の類似

イスラエルの言葉、ヘブライ語には日本語に似ているものが数多く見られます。また文字も、日本語のカタカナ、ひらがなによく似ています。

たとえば「ミカド」や「ミコト」、「トリイ」などは発音や意味するものが同じです。その他にも言葉にたくさんの共通性が見られます。そこからも古代イスラエルのルーツが、日本と結びついていたことが伺えます。

ヘブライ語というのは、旧約聖書の時代、古代イスラエル人の言語でした。

ところが、西暦70年に、ローマ帝国によって滅ぼされた後は、彼らは各地を転々として、その土地の言語を使わざるを得なかったのですが、その一方で、宗教行事の中ではヘブライ語を使い続けました。

そして、19世紀末にヘブライ語協会が設立されて、ヘブライ語が公的なものとして

形がとても似ている日本語とヘブライ語

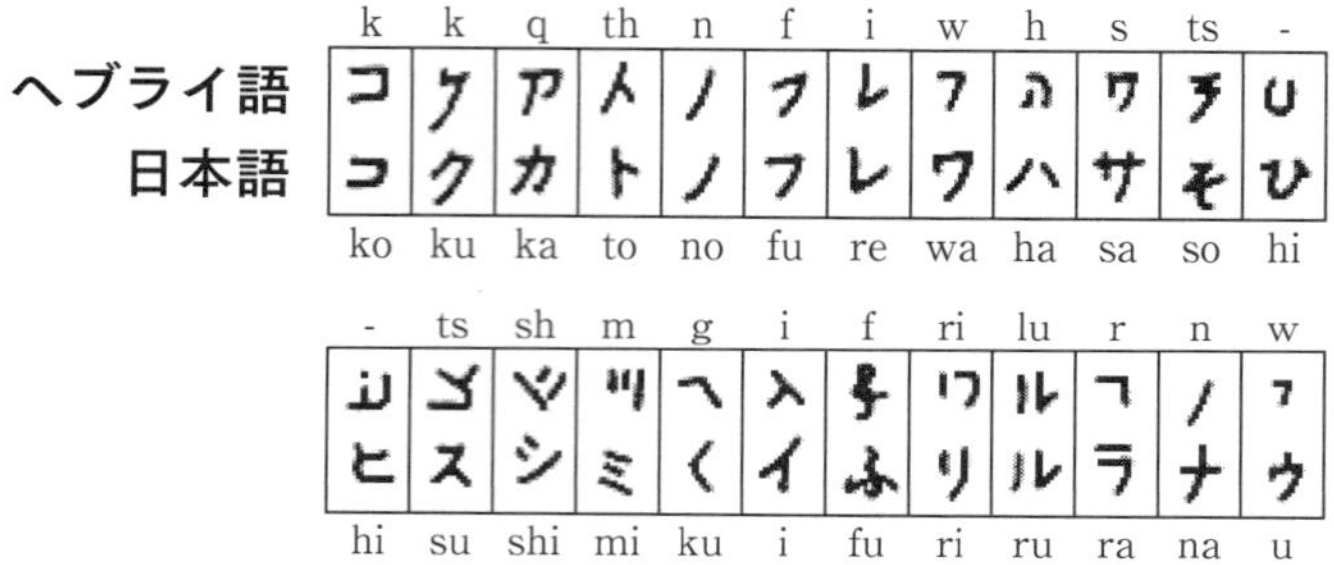

	k	k	q	th	n	f	i	w	h	s	ts	-
ヘブライ語	コ	ク	ア	ㅅ	ノ	フ	レ	フ	ㄇ	ワ	ㄛ	ひ
日本語	コ	ク	カ	ト	ノ	フ	レ	ワ	ハ	サ	そ	ひ
	ko	ku	ka	to	no	fu	re	wa	ha	sa	so	hi

-	ts	sh	m	g	i	f	ri	lu	r	n	w
ㅂ	ゴ	ㄨ	ㄐ	ヘ	入	ㄎ	ワ	ル	コ	ノ	フ
ヒ	ス	シ	ミ	く	イ	ふ	り	ル	ラ	ナ	ウ
hi	su	shi	mi	ku	i	fu	ri	ru	ra	na	u

使われ、それが故国への復帰、新たな国造りを果たすことにつながりました。

ですからヘブライ語は、日本語と同様、古い歴史をもつもので、そこに多くの共通点が見られるということは、やはり古代日本と深い関係があったことがうかがえます。おそらく聖書が書かれた2000年前よりずっと古くにカタカムナのアシア人が住んでいて、ヘブライ語を作るときに48音で影響を与えたと私は推測しています。

旧約聖書には、かつて人は同じ言葉を喋っていたけれど、神の怒りをかってその言葉を通じなくされたと書かれていますが、その同じ言葉こそ48音だったのではないでしょうか。

音と意味も似ている日本語とヘブライ語

日本語	意味	ヘブライ語	意味
ミカド	帝	ミガドル	高貴な方
禰宜・ネギ	神職	ナギット	長・司
ミコト	尊・命	マクト	王・王国
ミソギ	禊	ミソグ	分別・性別
ヌシ	主	ヌシ	長
サムライ	侍	シャムライ	守る者
ヤリ	槍	ヤリ	射る
ホロブ	滅ぶ	ホレブ	滅ぶ
イム	忌む	イム	ひどい
ダメ	駄目	タメ	ダメ・汚れている
ニクム	憎む	ニクム	憎む
ユルス	許す	ユルス	取らせる
コマル	困る	コマル	困る
スム	住む	スム	住む
ツモル	積もる	ツモル	積もる
コオル	凍る	コール	寒さ・冷たさ
スワル	座る	スワル	座る
アルク	歩く	ハラク	歩く
ハカル	測る	ハカル	測る
トル	取る	トル	取る
ナマル	訛る	ナマル	訛る
アキナウ	商う	アキナフ	買う
アリガトウ	有難う	アリ・ガド	私とっても幸福です
ヤケド	火傷	ヤケド	火傷
ニオイ	匂い	ニホヒ	匂い
カタ	肩	カタフ	肩
ワラベ	子供	ワラッベン	子供
アタリ	辺り	アタリ	辺り
オワリ	終わり	アハリ	終わり

第5章 真心しか通じない時代

６６６の本当の意味

新約聖書『ヨハネの黙示録』では、６６６という数字は、獣に刻印された数字だと書かれています。

「ここに知恵が必要である。賢い人は、獣の数字にどのような意味があるかを考えるがよい。

数字は人間を指している。そして、数字は六百六十六である。」

それでは、獣の数字といわれる６６６を、言霊の思念で読んでみましょう。

６「ロク」とは、「空間（ロ）が引き寄る（ク）」と読み解けます。そして、空間（ロ）とは数霊で34となり、じつは「光（34）」のことなのです。

つまり、666（ロク・ロク・ロク）とは、次々と光が引き寄る間という意味で、闇（ヤミ＝飽和する光）のことです。

思いの振動で空間が広がり、飽和状態になった光の粒子となり、次の瞬間に心の闇を打ち砕いて闇は光に変わります。

そこから読み解ける666の意味は、**「心の中に引き寄った光の粒子が、ものすごい勢いで周りを覆いつくす」**という啓示です。

また6はマ、間（穴）＝真（マコト→穴に転がり入って統合する6と9を統合するもの）で、66とはココロですから、**「真（まこと）の心」**だということは2章でも述べました。

聖書で悪魔のナンバーだという666は、カタカムナで読み解くと、「真《まこと》の心」というすばらしい意味になります。

「真（ま）（6）＋心（こころ）（66）」であり、「真（6）＋福音（66）」であり、「真（6）＋クロス（66＝十字架）」

また、悪魔を読み解くと、**「アクマ＝（空く間）となり（空間）＝アナ」**のことで、子を出産する（光が外に出る）ときに、子宮口が開くことを暗示していて、その意味で女性原理のことを指しています。神を読み解くと28の「さえぎり」となり、子宮が閉じて中でしっかり生命を育むこと（ヤミ）を表しており、悪魔とは、そのヤミを打ち破って生命＝光が誕生することになるのです。その意味から、神（28・さえぎり）と悪魔（35・放出）の力によって生命は存在すると言えます。

神＋悪魔＝28＋35＝63

63とは「6の実体」、つまり六芒星の実体（マカバ✡）となります。
神とは△、悪魔とは▽を現わし、2つで生命エネルギーを作り出しています。
また聖書は、旧約聖書、新約聖書両方合わせて66書あります。
つまり「聖書」と「心」は、数霊では同数です。同数の数霊をもつものは、本質が同じですから、聖書は心を表したものだともいえます。
66の数霊をもつ他の言葉を挙げてみましょう。

心＝66
世界＝66
福音（ふくぃん）＝66
契約＝66
クロス（十字架）＝66
証し（あかし）＝66
タオ（太極）＝66
桃（百）＝66

さらに36（令和）と、666（ミロク）の数字のつながりを分析してみると、令和の36は、6×6で表されます。
また1から36までの数字を1＋2＋3……＋36と、足していくと666になり、真心（6・66）であることがわかります。

ここからも、先に述べたように令和の時代は、**真心しか通じなくなる時代**になるのです。

インターネットの普及のおかげで、誰もが今、欲しい情報が自由に手に入り、世界の映像を瞬時に共有できます。ある意味、いながらにして魔法使いにでもなったようです。

けれど、情報が氾濫する今日、私たちはすべてを受け入れるのではなく、何が真実で、何が嘘なのか、見極める知恵が必要です。

そのためには私たちは直観力を高め、その本質から出る振動を見極めなければなりません。

本当の思いから出る振動は、嘘の言葉では覆い隠せません。そういう意味で、このコンピュータ時代は、やがて私たちの霊性を鍛え、発信者の真心を見極めさせるツールとなります。

「真心しか通じない」時代が始まれば、疑心暗鬼が生み出した軍拡競争もなくなりますから、外交は変わり、裁判も必要なくなるでしょう。

ミロクの時代が到来すれば、人が発する言葉がそのまま信じられる世界になります。

そのためには、気づいた人から真心からの発信を続け、共振の輪を広げていくしかありません。666のミロクの世とは、真心しか通じなくなる世のことです。真心を軽視する人たちにとっては、ある意味「恐ろしい世」と言えるかもしれません。

令和元年6月6日六甲で祈る

「日本」と「ユダヤ」の統一は古くから、日月神示や、その他の多くの人が語ってきましたが、その統一とはいったい何が一つになることでしょうか。

私は、この数年、カタカムナで聖書を読み解いてきました。なぜなら聖書が西洋世界を動かしている重要なものだと感じたからです。

その結果、聖書はこれまでキリスト教者が説き、また多くの方が解釈している内容とはまるで異なる、徹底した平和思想が書かれていることがわかりました。しかも、その内容は、なんと日本の縄文平和思想と同じなのです。

カタカムナで読み解く旧約・新約聖書には、言霊の力が力説されていました。また「聖書」という言葉自体にも、カタカムナと同様、深い意味がありました。

もし、世界の人々がそのカタカムナで読み解いた聖書の解釈を知り、納得すれば、聖書で動いている西洋と東洋が一つになることができるのではないかと思います。そうすれば、聖書を基としているユダヤ教、キリスト教各派、そしてイスラム教も一つになるでしょう。

もし、それが実現すれば、世界は大きく変わり、縄文の生命至上主義が世界中で蘇ることになります。不可能だとあきらめるより、生命をかけてやってみたいと思います。

なぜならこれこそが、今この時期に、日本にカタカムナが復活した理由だと思うからです。そして、この大仕事こそ私たち日本人、とくにカタカムナを学ぶものたちの使命だと思います。

「真心しか通じなくなる日」の始まり

その決意の始まりとして私たちは、6月6日、六甲比命大善神《ひめだいぜん》の磐座《いわくら》で御神事を行うことにしました。令和という新時代になって、私たちがやらなければならないことが一つ明確になったからです。

六甲はカタカムナの聖地です。この日に私たちの真心と地球の真心が一つにつながって、大調和の渦を起こすことが必要だと思ったのです。

そのために、まず、自分の真心を整えようと、寝室のベッドの上に垂れ幕を作り、大きな文字で「真心しか通じない」と書きました。これまでの世の中は、富や権威、名声とかいったものが中心になって動いていましたが、令和の世は、その人の本心が現象化を起こしますから嘘は通じなくなるのです。

その人の真心から出た振動しか、もはや伝わらない時代になっていくからです。

それを読みとった以上、自分の真心から発した言葉を使い、その行動をするために、

六甲比命大善神

その思いしか伝えないという気持ちで、その文字を書きました。

新たな元号が決まる以前から私は、これからはどんな時代になろうと、言霊の時代になると思っていました。言霊の時代、それは言葉の響きが現象をつくっていく時代であり、それぞれの真心が現象を起こしていくことを理解する時代になったのです。

令和元年6月6日の朝、私は6名の仲間とともに、瀬織津姫《せおりつひめ》を祀ったと言われる六甲比命大善神に向かいました。これから地球上で起こる自然災害や、戦争、人災などを、私たちの「愛と勇気の祈り」で最小限に食い止め、世界中の一人一人が、自分の人生を生き切り、全うできる世の中にするために祈りを捧げました。

カタカムナを学ぶ私たちが、地球人の代表として、地球の核にあふれんばかりの愛と勇気を届け、核を突き抜けて「地球を愛で包みこむ」ことを確信しながら。

六甲から世界へ広がる

六甲はカタカムナの聖地です。六甲の金鳥山で、楢崎皐月氏が、平十字氏に出会い、そこで見せられた巻物からカタカムナの研究は始まりました。

その六甲の言霊を見ると、

(ロ) 空間 (光) が (ッ) 集まって (コ) 転がり出て (ウ) 生まれ出るトコロ

そしてその数霊は113(引き寄る光)です。

六甲には大きな磐座《いわくら》が点在していますが、なかでも保久良《ほくら》神社には、大きな磐座が

保久良神社

渦巻き状に点在しています。ここはおそらくカタカムナ神社ではなかったかと言われています。そして平十字氏は、そのカタカムナ神社の宮司の家系だと名乗ったそうです。

保久良神社の立岩から渦巻きは出ていますが、磐座に付けられたイロハニホヘトの順番に右回りに辿っていくと、右回りの渦になります。意図せずに付けられたイロハニホヘトの磐座は、たとえば立岩は「統合」の「ト」というように、それぞれの音に由来する意味をもっています。そして「伝わる」イと「空間」ロのところは神殿です。

ここの御祭神はスサノヲノミコトで、合

祀されている御祭神は椎根津彦で、神武天皇を亀に乗って助けた漁師、珍彦と言われていて、亀に乗った姿が浦島太郎と重なります。

この立岩のところで私が何気なく撮った写真には不思議な光が写り、それが最初のメッセージとして、今日に続く謎解きが始まりました。

カタカムナはアシア族が伝えたと言われていますが、この近くには芦屋神社もあり、芦屋という地名も残っています。西宮にある廣田神社の御祭神は、天照大御神之荒御魂ですが、それは瀬織津姫様のことだと言われています。

天照大御神が亡くなられるときに、そのお妃様の瀬織津姫様に「西宮に行って、そこを治めなさい」と遺言を残され、ここに住まわれ治められたといわれています。

その廣田神社の奥宮が六甲比命大善神です。令和元年6月6日のこの日、六甲から愛と真心という最強の武器をもって平和のために言葉で闘う準備が整いました。

東経135度から始まる新しい文明

千賀一生さんが著した『ガイアの法則』のことは、ご存知の方も多いと思います。

地球は地軸が23・4度傾いていて、その地軸自体も、コマ運動のように回転運動をしていて、その回転運動のことを歳差運動と言いますが、この歳差運動は約2万5800年で1周しています。

ガイアの法則では、この歳差運動の16分の1のリズムで、地球上の主要な文明の勃興するリズムがあるといいます。それは2万5770年÷16、つまり1611年周期となります。角度にして360÷16＝22・5度。この1611年周期ごとに、人類の歴史と文明の変遷を辿ってみると、一定の法則が現れるというのです。

また、1611年の半分の約800年は昼の時期であり、文明が誕生してから約800年経つと、衰退へと向かいます。このようにして西回りと東回りで、昼と夜が入れ替わるように、その優位性が入れ替わります。

それは東西文明800年周期交代説を打ち出された村山節さんの研究が基にあると思われます。

そして、西回りスピンが優位になるときには物質文明が反映し、東回りスピンが優位になるときには精神文明が反映するという仕組みが地球の文明の法則にあるというのです。

これまで盛んだったアングロサクソン文明（物質文明）が終わりを告げ、今度は日本の東経135度を中心に、精神文明が反映するのだと言います。それが切り替わったタイミングは、1995年1月17日の阪神・淡路大地震が起きたときで、この震源地はまさに135度線の淡路島、そして神戸でした。

さらに千賀一生さんは、これまでの6400年のまとまったカラーがあり、それは2元対立的な性質の文明であったけれど、これから始まる新しい文明は、単に800年とか1600年とかの長さではなく、6400年間ずっと続く一つの、母性文明としてのカラーになると言っています。その核になるのが、135度ラインだというのです。

それはどういうことかというと、これからは単に周期的に文明交代をするのではなく、2元対立を終えた宇宙的意識に向かう時代が始まるというのです。それは、私がカタカムナを通して感じてきたことでもあります。

そして、私が住む高槻もまた135度線上にあります。

この付近には300を数える古墳があり、卑弥呼の鏡ではないかと思われるものも発掘されていますから、古代文明が盛んだったことが考えられます。

また、キリシタン大名の高山右近の城下町だったことから、キリスト教とも縁が深く、近くには隠れキリシタンの里もありました。布教に熱心だった高山右近の影響で、領内には20を超える教会が建てられたと言われています。隣の市、茨木にはフランシスコ・ザビエルの絵が保管されていた千提寺という場所もあります。

そういう意味では、ユダヤと日本、聖書とカタカムナをつなごうとしている私、そしてカタカムナ学校が、ここにあるのも不思議ではありませんね。

また、日本の天照大御神の御神体・八咫鏡が象徴する「八角形」の内角も135度なのです。すべてがつながっていますね。

和水町は「いだてん」の故郷だった

12月21日にイスラエルのガリラヤ湖でご神事をしたのですが、その答えがいつ出るのか、と考えていたときに、それは1月3日の「瞳の日」に違いないと感じました。なぜなら1月3日の103は、統合する（10）実体（3）を意味し、10は目を表しています。瞳はまさに目の実体であり、カタカムナです。カタカムナもまた数霊は103なのです。

すると、その1月3日に熊本県の和水町《なごみ》というところで、震度6の地震がありました。しかも、熊本というのは、ク（引き寄る）マ（受容）ということで、トーラスの真ん中の穴を指しています。そして九州というのは球体のことですが、そのトーラスの穴が熊本にあたります。

また和水町の言霊の思念は、

ナ（カタカムナの核）＋ゴ（転がり入る）＋ミ（実体）

それは「カタカムナの核が転がり入る実体」と、読み解けます。そこに2019年1月3日、震度6の地震が起きたのです。しかも、和水町の和は令和の和ですし、日本の倭（和）でもあります。そして水というのはその形をなぞると六芒星のことを表し、ユダヤを指しています（ユダヤの国旗は六芒星）。和水町という名前から、カタカムナ的には日本とユダヤが統合している町と読むことができます。

また、1月3日の朝、日本各地で光の玉が確認されて、そのことはNHKニュースでも報じられました。大地の地震と空からの光という2つの合図があったので、私はとにかく和水町へ行くことにしました。

和水町へ行ってわかったことは、そこは2019年のNHK大河ドラマ『いだてん』の舞台になったところだということです。2018年の大河ドラマは、『せごどん』でしたが、そのときも私は、その舞台であった隼人に行き、カタカムナと隼人の盾のつながりを発見していました。エネルギーは、それにふさわしい現象、ドラマをいつも引き起こしてくれます。

33度線上が意味すること

その和水町は北緯33度線上にあり、イスラエルのガリラヤ湖とほぼ同じ緯度でした。町には『いだてん』の旗がたくさんなびいていました。この町には国道443号線が走っています。4・4・3で「陽が次々と出る実体」となり、そこは43（ヨミ　黄泉）のエネルギーにつながっている場所だと読めます。そして『いだてん』の主人公は金栗《かなくり》四《し》三《そう》という名前ですが、ここにも43が出てきます。

和水町の数霊は1（14－16＋3＝1）で、根源を表しています。そして『いだてん』のポスターは、3つの足（多角形）が回っているというデザインですが、六芒星というのは2つの三角形から出てきます。プラス3とマイナス3が重なって六芒星となり、そして和水の水の形も六角形です。「いだてん」のポスターはその三角形が走る足となってクルクル回っているのですが、回ることによって球体になります。また、回転することによって、3が6になり9になるミロクを表しています。

なぜ33度線の33が大事なのかと言いますと、そこには球体の真実が秘められているからです。

リンゴの皮をむいてテーブルに上下に並べると、上は9で、下は6の数字を描きます。つまり逆S字型になります。9は外を包もうとする渦であり、6は中に入ろうとする渦です。つまり、リンゴのような球体は数字の「6と9」でできているのです。

その9を6に、6を9に交代させている中心が3です。それが連続して動くときは数が重なり、66と99となり、真ん中が33になります。そこで、プラス33、マイナス33と入れ替わって、トーラスの回転が起きているのです。

ちなみに「トーラス」の数霊は69です。6から9に、内側から外側にいくのがトーラスで、外側から内側に来る渦も、その反作用で一緒に生まれます。

その数霊96はまた「天皇」と同数で、中に入っていく渦になります。ですから天皇は、全部をご自分の中に受け取って浄化するという役割を担われているのです。また古代から大和を警護してきた隼人族のシンボル（隼人の盾）は、この形をしています。

99と66が表す地球、そしてそのトーラスを動かしているのが33度線ということです。

そして、その33の中心のエネルギーにつながっている一つがこの和水町なのです。これまでも地球の33度線上では重要な出来事がたくさん起きています。

そしてなんと和水町のマンホールの蓋には、同じように6と9が周囲にぐるりと描かれていました！　エネルギーはやはり現象化を起こしていますね。またここにはトンカラリンという遺跡があります。解明すればつながっていく可能性が大いにあります。今も謎の多い神秘の遺跡です。

では、伝説の韋駄天とはどんな人だったのでしょうか。

あるとき、お釈迦様の歯が仏舎利から盗まれました。歯というのは、ハ（引き合うもの）として六芒星、マカバを暗示します。その歯を盗まれたことを知った韋駄天は、全力で走って泥棒を捕まえ、歯を取り戻しました。それから足の速い人を「いだてん」と呼ぶようになったと言います。

「いだてん」を言霊で読めば、「伝わるものが反対に分かれて発信放射する」ということになり、やはりマカバのことを表しています。

イダテンの数霊は、5（イ）－26（ダ）＋9（テ）＋48（ン）＝36

ここでも36（ミロク）がでましたね。

36は核であり、令和です。令和の時代の大河ドラマが『いだてん』になったのも納得です。すべてに意味がある。先にあるエネルギーからこうした現象が生まれているのです。

たどり着いた真命山

ガリラヤ湖は死海の北、北緯33度線上にあり、子宮の形をしています。そこを訪れたのは、12月21日という数字が鏡合わせの日でした。12というのは「止まる」、21は「進む」という意味があり、進んで止まるという創造の御柱の中心を示す日に、地球の子宮でもあるガリラヤ湖に私たちはたどり着き、世界平和を祈ったのでした。

そして、翌年1月3日、地震により同じ33度線上にある和水町に導かれると、そこには真命山《しんめいざん》という山がありました。私はその名を聞いたとき、感動して涙があふれ出ました。

真命山の「真」とはヤタのカガミの中心です。そしてここは「命」の根源を表わしています。つまり、真命山とは、まさにカタカムナそのものを意味していました。

その真命山に車で登って山頂にたどり着くと、そこには十字架を掲げた和風建築のカソリック教会が建っていました。それはまさにカタカムナのフトマニ図象⊕をそのまま表現していました。

その地は、和水町蜻浦〈ヘボウラ〉と言います。ヘボウラを読み解くと、「外側に突き出ている引き離れるものを生み出す場」となり、「草薙剣のエネルギーが出ているところ」という意味になります。ヘボというのはトンボのことです。トンボは突き出たサキッチョに止まりますね。

その教会の入口で、神父様が待っていらっしゃいました。私たちの姿を確認するなり、おっしゃいました。

「ようこそいらっしゃいました。私はこの真命山の教会を作って、今年でちょうど33年目になります」

初めの一言が、それでした。お聞きしないのに、ご自分で33とおっしゃったのです。

33を求めてやってきた私には、それが答えだとわかりました。

真命山山頂に建つ教会は「霊性交流センター」と銘打ち、宗派を超えて対話をするところでした。パンフレットには「霊性センター真命山は、日本の古典文化を大事にしながらキリスト教霊性の日本文化受肉と諸宗派対話促進の一翼を担おうとしています」と書かれていました。カタカムナの十字の場所に霊性と対話。私にはこれらの言葉はただごとではありませんでした。

バチカンからいらしたフランコ神父様は、東洋の禅に魅せられ、ここを神と出会う場所として創立されたそうです。

私がカタカムナの話をすると、大変興味を持たれ、もっと話を聞きたいとおっしゃるので、7月7日にもう一度伺う約束をしました。

そして私たちは約束通り7月7日、7名の友と再び真命山を訪れました。聖書の専門家である神父様に、カタカムナで読み解いた聖書の解釈をお伝えするなど、大それた試みであるとは知りつつ、ただひたすら言葉と数を読み解いた、宗教色のまったくない読み解きを精いっぱいお伝えしました。

そして、まずは志した方向へと第一歩を踏み出すことができたと思います。また、ここでも私たちの創作能「カタカムナ平和の歌」を衣裳を着けて謡い舞い、平和への熱い思いをお伝えしました。

それは、これからも誠意と真心をもって、対話を継続していけたらと思っています。

第6章 カタカムナと聖書

聖書の源流はカタカムナ

最初に、令和の時代になり、カタカムナの時代が到来したと言いました。そして縄文時代のように、戦いのない平和な世界はもはや夢ではないとお伝えしました。しかし、その実現には、西洋と東洋が一つになれる強力な平和思想が台頭するべきだと思います。

西洋（中東を含む）の文明の根底にあるのは聖書です。その西洋的なものと、仏教やヒンズー教、神道などの東洋的なものとを融合させることができるもの、それがカタ（物質）とカム（精神）をナ（つなぐもの）という「生命観」を解き明かしたカタカムナだと、私は今、確信しています。

聖書をカタカムナで読み解いてみると、これまで解釈されてきた内容とはまるで違う世界が浮かび上がってきます。しかもそれはカタカムナの世界観と同じものです。

モーセやイエス・キリストが本当に伝えたかったことを、日本語であるカタカムナの言霊と数霊を駆使して、聖書に書き残された言葉、その声にただひたすら耳を傾け、ひたすらその真意を読み解いていきたいと思います。その解釈を見て、モーセやイエスが、これこそが私たちが伝えたかったことだと、きっとお喜びになるに違いない、私にはその姿がハッキリと見えています。

この章では、聖書に書かれていることを改めてカタカムナで読み解いていきます。

●ヨハネによる福音書　第一章より（新共同訳より）

①　初めに言（ことば）があった。言（ことば）は神と共にあった。言（ことば）は神であった。この言（ことば）は、初めに神と共にあった。万物は言（ことば）によって成った。成ったもので、言（ことば）によらずに成ったものは何一つなかった。言（ことば）の内に命があった。命は人間を照らす光であった。光は暗闇の中で輝いている。暗闇は光を理解しなかった。神から遣わされた一人の人がいた。その名はヨハネである。彼は証しをするために来た。光について証しをするため、また、すべての人が彼によって信じるようになるためである。彼は光ではなく、光について証し

をするために来た。その光は、まことの光で、世に来てすべての人を照らすのである。

② 言（ことば）は世にあった。世は言（ことば）によって成ったが、世は言（ことば）を認めなかった。言（ことば）は、自分の民のところへ来たが、民は受け入れなかった。しかし、言（ことば）は、自分を受け入れた人、その名を信じる人々には神の子となる資格を与えた。この人々は、血によってではなく、肉の欲によってではなく、人の欲によってでもなく、神によって生まれたのである。言（ことば）は肉となって、わたしたちの間に宿られた。

③ わたしたちはその栄光を見た。それは父の独り子としての栄光であって、恵みと真理とに満ちていた。ヨハネは、この方について証しをし、声を張り上げて言った。『わたしの後から来られる方は、わたしより優れている。わたしよりも先におられたからである』とわたしが言ったのは、この方の

ことである。」わたしたちは皆、この方の満ちあふれる豊かさの中から、恵みの上に、更に恵みを受けた。律法はモーセを通して与えられたが、恵みと真理はイエス・キリストを通して現れたからである。いまだかつて、神を見た者はいない。父のふところにいる独り子である神、この方が神を示されたのである。

④ さて、ヨハネの証しはこうである。エルサレムのユダヤ人たちが、祭司やレビ人たちをヨハネのもとへ遣わして、「あなたは、どなたですか」と質問させたとき、彼は公言して隠さず、「わたしはメシアではない」と言い表した。彼らがまた、「では何ですか。あなたはエリヤですか」と尋ねると、ヨハネは、「違う」と言った。更に、「あなたは、あの預言者なのですか」と尋ねると、「そうではない」と答えた。そこで、彼らは言った。「それではいったい、だれなのです。わたしたちを遣わした人々に返事をしなければなりません。あなたは自分を何だと言うのですか。」ヨハネは、預言者イザヤの言葉を用いて言った。「わたしは荒れ野で叫ぶ声である。

『主の道をまっすぐにせよ』と。」

ここで何度も出てくるもっとも重要な「ことば」という文字は、なぜかあえて「言(コト)」という文字で繰り返し書かれています。コトとはカタカムナの数霊で「九・十」つまり「球(＝九)」と「十」のことで、⊕を表します。⊕とはまさに、カタカムナのマークで「言霊システム」のことです。

また、八咫鏡の中には、前述したように「九と十」が隠されており、それは「草薙剣」という言霊の剣を生み出すものだと説明しました。そこから考えると聖書の「言(コト)」をあえて「ことば」と読ませた意図は、図らずもカタカムナをあらわしているのだと考えられます。

そして、初めに言(ことば)があった。言(ことば)は神と共にあった。言(ことば)は神であった。この言(ことば)は、初めに神と共にあった。万物は言(ことば)によって成った。成ったもので、言(ことば)によらずに成ったものは何一つなかった。

という聖書の一文は、**初めにカタカムナ⊕があった。⊕は神と共にあった。⊕は神**

であった。この㊉は、初めに神と共にあった。万物は㊉によって成った。成ったもので、㊉によらずに成ったものは何一つなかった。

と言い換えられます。なぜならカタカムナとは生命の根源という意味だからです。聖書を書いた人や、翻訳をした人が、カタカムナのことを知らなかったのは、言うまでもありません。しかし真理がそう表現するように振動したので、そのような表現を選ばずにはいられなかったのでしょう。

とにかく、まず初めにことばがあり、この世のすべては「ことば」によって成り立った。「ことば」こそが神であった。という意味ですが、これは、日本語で「名前」という文字に集約されています。「名」とはすべての「言葉」であるとなるならば、名前とは「ことばが前（さき）にあった」と書いてあるからです。まさに聖書の記述と一致しています。

次に、「言（ことば）の内に命があった。命は人間を照らす光であった。光は暗闇の中で輝いている。暗闇は光を理解しなかった。」

とは、ことばは先にあったのですが、ことばのみでは、この世に存在を示すことができないので、人間の肉体、つまり、唇、声を出す器官や、伝えようという意識がなければ、その力を現象化することができません。なので、言葉の内に「人間の命があった」と書いてあり、その人間から発する命（思いが振動した）の言葉は、すべての人間を照らす光であった。これは人間から発する思いの振動が、光を輝かせているということです。

カタカムナでは何度もお伝えしたように闇（ココロの中）と光（ことばの振動）は同じものなのです。闇こそ光の親と言ってもいいでしょう。その心という闇の世界で、命の振動が闇を打ち破り、必ず言葉となって光を外へと発し、人間を照らし出すのです。この世の光とは、闇が思いの力で振動し、輝きだしたものです。

このことを「光は暗闇の中で輝いている。」と言っていますし、「闇は光を理解しなかった」とは、光は闇を必ず打ち破る振動をもち、闇が光になるので相容れないものだからです。

神から遣わされた一人の人がいた。その名はヨハネである。彼は証しをするために

来た。光について証しをするため、また、すべての人が彼によって信じるようになるためである。彼は光ではなく、光について証しをするために来た。その光は、まことの光で、世に来てすべての人を照らすのである。

　とあります。ことばがあって、人間の命があったら次に必要なのはその言葉をどのように発音するのか、という声が必要です。

　神から遣わされた「ヨハネ」とは、言（ことば）が、カタカムナ⊕であるならば、そのカタカムナの言霊システムから発せられる「日本語48音」のことにほかなりません。「48音」は「ヨハネ」と読めますね。（上図は5首6首のヒフミ48音を一つにまとめて書いてあります。）

ヨハネ（日本語48音）は証しをするために来た。とありますが「証し」とは「言うことが正しい」と書き、言葉を現象化する力を言います。なので聖書引用最後、④のところの、さて、ヨハネの証しはこうである。（中略）そこで、彼らは言った。「それではいったい、だれなのです。わたしたちを遣わした人々に返事をしなければなりません。あなたは自分を何だと言うのですか。」ヨハネは、預言者イザヤの言葉を用いて言った。「わたしは荒れ野で叫ぶ声である。『主の道をまっすぐにせよ』と。」

と自分の正体を明かしています。「わたしは荒れ野（何もない所）で叫ぶ声（ヨハネ＝48音）」だと。

「主の道をまっすぐにせよ」とは、48音の言霊を使って、言葉を発する主人（イエス・キリスト）が思い、言う通りの現象を起こし、進む道を整えるようにすることが、自分の存在意義だ。と言っています。自分の正体をじつは現象化を起こす「日本語の48音の言霊」であることを正直に伝えているのです。

そして、後から来たイエスに洗礼を授け、しばらくヨハネとイエスは一緒に修行をしました。その期間にヨハネはイエスに言霊を授け、イエスは救世主となったのです。

その後、ヨハネは、ローマの権力によって斬首の刑になるのです。

これは、ヨハネの使命は、イエス・キリストを洗礼し、48音を伝えることにあったので、使命を果たしたという意味だと思います。

古事記の中でも、イザナギが、生れたばかりの「ヒノカグツチ」の首を切ったという逸話が出てきますが、首を斬るとは文字通りの意味ではなく、より深い意味が込められているのです。

ここでは、イエス・キリストが主としての生命体として、ヨハネが授けた神のことばと一体になり、現象化（奇跡）を起こす救世主となったため、ヨハネは使命を果たし、声を出す器官をもつ首を斬首されたのでしょう。その意味で目的を達成したヨハネの受難は、ある意味、喜びに満ちていたのかもしれません。


また、少し前に戻って①の続きを読み解くと、神から遣わされた一人の人がいた。その名はヨハネである。彼は証しをするために来た。光について証しをするため、また、すべての人が彼によって信じるようになるためである。彼は光ではなく、光について証しをするために来た。その光は、まことの光で、世に来てすべての人を照らすのである。という箇所は、ヨハネは光ではなく声で、真の光、つまり肉体を持ったイエス・キリストが本当の光であることを言霊で実証するために来た。と言っていることになります。（証し→「言」ぅ「言」葉が正しい）と伝えることです。

世に来てすべての人を照らす光（イエス・キリスト）とは、地上にいながら自分の発する光で、天から地上の人々照らす光のことを指しています。この一文から、イエス・キリストとは「天照大御神」と同じであることがわかります。日本のカタカムナに十字架がある理由とここでもつながっています。

② 言（ことば）は世にあった。世は言（ことば）によって成ったが、世は言（ことば）を認めなかった。言（ことば）は、自分の民のところへ来たが、民は受け入れなかった。しかし、言（ことば）は、自分を受け入れた人、その名を信じる人々には神の子となる資格を与えた。この人々は、血によってではなく、肉の欲によってではなく、人の欲によってでもなく、神によって生まれたのである。言（ことば）は肉となって、わたしたちの

間に宿られた。

とは、日本語48音はすでに存在していたという意味になります。バベルの塔以前は、人間は一つの言語をしゃべっていた。その後、人間のエゴがひどくなったので、神はお互いに言葉を通じなくされたという逸話が聖書にありますが、その一つの言語とは、日本語かもしれません。それが証拠に、前述のようにヘブライ語と日本語の共通点は驚くばかりであり、よく似た発音で同じような意味を持つ単語が数千語にものぼると言われています。ヘブライ語と日本語はつながっていた?と思えるほど、確かに共通点が多いのです。

それを念頭に置いて解釈すると、言（48音）は世にあった。世は48音によってなったが、世はこの言葉を認めなかった。日本語48音は、じつは自分たちの言葉であったのに、民は受け入れなかった。しかし、言を受け入れた人、……言は自分の民のところへ来たが……などの記述が理解できます。

そして、その48音を受け入れた人、この言葉を信じた人々には、神の子となる資格を与えた。この人たちは血筋や男女の交わりではなく、神（ことば）によって生まれたのである。その言（ことば）は、生活の中でイエスがもたらし、イスラエルの人たちによって話された。ということでしょう。

日本人とは、縄文以来、世界中の人たちと交わり統合したハイブリッド人種です。日本人としての唯一の共通点はみんな日本語を話すということ。もし世界の共通語の一つが、現在の世界共通語が英語であるように、日本語になれば、地球人が日本人となります。

地球が「日ノ本（ヒノモト）」となれば、現在の島国日本は、世界の人々と融合し合い一つになって、存在する必要がなくなります。つまり人種と国の壁がなくなるということです。国同士の覇権争いに意味がなくなり、世界が家族となるということです。

また、③の、「『わたしの後から来られる方は、わたしより優れている。わたしよりも先におられたからである』とわたしが言ったのは、この方のことである。」というのは、ヨハネは声なので、音としては存在していましたが、イエス・キリストがその声の主とならなければ、証しができません。まず、愛と真を体現するイエスが声の主となられるので、私（声）より先におられた……と言っているのです。

こうして、解読してみると、思いもよらないストーリーになりますね。今までまったく語られていなかった新しい筋書きが見えてきますが、この解釈は決して無理をしてこじつけたのではなく、言葉を素直に読み解いただけです。

こうして2000年前に書かれた聖書が、カタカムナの目から見るとまったく違って読み解けていくのです。

ＩＮＲＩとは「復活」という意味

イエス・キリストが、ゴルゴタの丘で磔《はりつけ》になったとき、その十字架には「ＩＮＲＩ」という文字が板切れに書かれ、イエスの頭上に掲げられました。「ＩＮＲＩ」とはラテン語で「ユダヤの王・ナザレのイエス」という意味です。

これをカタカムナの言霊、数霊で読み解くと、「ＩＮＲＩ」とは「いん・陰＝Ｉｎ」から「り＝離れる陽」ということになり、カタカムナ（根源）の中から出てくるという意味になります。つまり「復活する」と言っているのです。

また、数霊でも「61」となり、「間＝六芒星」の根源から出るという意味になります。これもまた「復活する」という意味です。これはイエスだけに限ったことではなく、すべての生命は、死に至ると根源の中に入り、再生されて復活するので、その命の仕組みを、イエス・キリストが身を以って示してくれているともいえるのです。

また、イエスの死を確認するために、ロンギヌスの槍でわき腹を突かれ、そこから流れ出た血が、ゴルゴタの丘の割れ目に沁み込んだと言われており、その赤い石が今も聖墳墓教会に展示されています。血はキリストのシンボルとして、ミサなどでも赤い葡萄酒を分かち飲みますが、その「血（チ）」の概念がカタカムナの中心にあるものと一緒です。

カタカムナでは、ヒフミ九九算表（佐藤敏夫氏　作）という数霊表を古事記の読み解きに使います。その数字はカタカムナの世界観、または古事記の世界観を現した数字群ですが、その十字架の中心の4つの数字は、左巻き（中に入る方向）に読むと「チ（27）」と「（チ）27」を表しています。チとは、カタカムナの思念では「凝縮」を意味します。

つまり、2つの逆渦が、引き絞られて、解放のエネルギーが、最高潮に溜まる場所を表しています。そこから復活が始まるのですが、その概念は、イエス・キリストが磔刑になって血を流し、その後復活したというストーリーと完全に一致します。カタカムナが、生命の永遠循環を表わしているのと同じです。

チとは血を意味し、また、「チチ＝27・27」とは日本語で「父」を表しています。聖書で「父のふところにいる独り子の神」（ヨハネの福音書1章）と表現されている一節とピッタリ符合します。

また、この十字架にイエスキリストがＩＮＲＩの札と共に磔にあっている形は、ま

ヒフミ九九算表（佐藤敏夫 作）

0	0	0	0	0	0	0	0	0	0
0	1	2	3	4	5	6	7	8	0
0	2	4	6	8	1	3	5	7	0
0	3	6	0	3	6	0	3	6	0
0	4	8	3	7	2	6	1	5	0
0	5	1	6	2	7	3	8	4	0
0	6	3	0	6	3	0	6	3	0
0	7	5	3	1	8	6	4	2	0
0	8	7	6	5	4	3	2	1	0
0	0	0	0	0	0	0	0	0	0

中央の４つの数字は左巻きに読むと27（チ）・27（チ）である

さに日本語のカタカナ文字の「チ」の形を表していますね。

それともう一つ、ＩＮＲＩとは、日本語に直すと「稲荷（いなり）」と読めます。カタカナがこれほどキリスト教、聖書と一致するのであれば、稲荷神社の起源も、イエス・キリストである可能性が大いにあります。

聖書の数字を読み解く

●人をとる漁師……153匹の魚

聖書には暗号のように数字がたくさん出てきます。西洋でもカバラなどでゲマトリアと呼ばれる数秘術があり、解明がなされているようですが、カタカムナの数霊で読み解くと、その意味がスッキリと理解できます。

たとえば、前述した153というキリストの奇跡によって獲れた魚の数は、カタカムナの数霊で、ヒフミヨイ・マワリテメグル・ムナヤコトの「ヒ（1）」から「ト（17）」までの17個の数字を足した数です。つまり「人」とは10次元（ヒ〜ト）をもって、マワリテメグル存在である。と言っていることになります。

他にも「ルカによる福音書（第5章）」の中で、イエスは、シモンに言われた。「恐れることはない。今から後、あなたは人間をとる漁師になる。」という記述が出てきます。

また、同じルカによる福音書第1章でも「イエスは、ガリラヤ湖のほとりを歩いておられたとき、シモンとシモンの兄弟アンデレが湖で網を打っているのを御覧になった。彼らは漁師だった。イエスは、『わたしについて来なさい。人間をとる漁師にしよう』と言われた。」とあります。

人間をとる漁師……そして魚の数は153というつながりが、カタカムナの「ヒから卜まで（人）の数＝153」と考えるとピッタリきます。1から17までが「人」を表す並びは、日本語ではカタカムナの数霊だけです。

また、旧約聖書の中で出現が予言された救世主の名「インマヌエル」も153になります。意味は「神は我とともに」ですが、思念で読み解くと「イエス・キリスト」と同じ意味を示しています。

●144と144000人と新エルサレム

ヨハネの黙示録に出てくる14万4000や、144は、いったい何を意味しているのでしょうか。黙示録7章では、14万4000人はイスラエル12部族の各部族から1万2000人ずつ選ばれた合計とされています。↓　12000×12＝144,000　となります。

また、14万4000、あるいは144という数字は、黙示録にもう一度出てきます。それは新エルサレムに関する記述の中です。

「彼がその城壁を計ると、人間の尺度で144ペーキュスあった。これが御使いの尺度でもあった」（黙示21－17）

この御使いとは、明らかにイエス・キリストを指していますが、なぜイエス・キリストの尺度が144なのでしょうか。これはカタカムナの数霊で、イエス・キリストという名前を計算すればすぐにわかります。

イエス→5＋43＋21＝69（69はトーラスと同じ数、永遠循環○を表します）

キリスト→29＋8＋21＋17＝75（75は調和を伝えるという意味で「＋（プラス）を表します」

69＋75＝144となり、144がイエス・キリストの尺度と言われた意味が、スッキリわかりますね。

また、69＋75とは○足す十となり、カタカムナの⊕マークを表しています。つまり、イエス・キリスト＝カタカムナマークとなるわけです。

そして、また１４４０００人という数は、イエス・キリストの「１４４」を尺度とすると、１４４×１０００＝１４４０００人となります。

つまり、１０００人のイエス・キリスト（救世主）のことを指していることがわかります。

ですから千年王国というのは、１０００人の救世主が出現するという預言だと私は解釈しています。

また、先ほどカタカムナを表す「ヒフミ九九算表」の中心の十字架には、イエス・キリストが張り付いていて、「チ＝血（27）」があると述べましたが、「チ」という字は漢字で「千」と同じ形です。イエスが１４４、そしてそこに千があるので、１４４０００人の意味がここからも出てきます。

●新しいエルサレムと12の門

黙示録に登場する神の国（新しいエルサレム）には12の門があります。「イスラエルの子らの12部族の名が書いてあった」とも書かれています。（黙示21－12、16）。さらに、新エルサレムは随所で、12000、144、14万4000の数字から成り立っています。

この「新しいエルサレム」とは、現在のイスラエル共和国の首都のエルサレムではなく、キリストの体である教会を象徴しています。また、至福の千年王国が始まるトコロであるとも書かれています。

それでは新しいエルサレムの数霊をカタカムナで計算してみましょう。

あたらしい（18＋26＋31＋23＋5＝103）

「103」とはカタカムナ（25＋26＋25＋14＝103）を表します。

その意味は、「統合の実体」つまりは「十字」を表しています。ちなみにカタカムナを今世に伝えたのは「平 十字（ひらとうじ）」という人でした。

エルサレム（43＋12＋28＋24＋13＝120）

エルサレムが１２０と、12と0がでてきました。カタカムナの数霊で、12は「ル」の音で、「止まる、留まる」、つまりトキが止まる今のゼロ空間を示しています。⊕、つまり○空間の内側という意味です。

先ほど１５３という魚の数を読み解きましたが、この「ひゃくごじゅうさん」の数霊がまさに「１２０（ゼロ空間）」になります。そこに十字架に張り付いたキリストがいて「千」という文字の形を作っています。ですから「新しいエルサレム」とは、現在のイスラエル共和国の首都のエルサレムではなく、キリストの体である教会を象徴しているかたちです。

「新しいエルサレム」の数霊は２２３、これは「振動する愛」または「外側へ出る実体（復活）」を表します。

そしてそこは、「至福の千年王国」が始まるところということで、千という字はイエスそのものでしたし、イエスの頭上には「ユダヤの王・ナザレのイエス」という王国があります。ナザレも「14－28＋24＝10」となり、ナザレのイエスとは十字架上のイエスを表しています。

さらに千年王国とは264で、「ユダヤ（26）が新しくなる（4）」という意味があります。それに「至福の」を付けると56（生命）となり、「至福の千年王国」となると「320」になります。これは「ニ（32）そのもの（0）」と読み解け、それを文字であらわすと「ニ・本」つまり日本を意味します。

●7と77

7は「完全さ」という概念を表わすのに用いられるそうです。たとえば、イスラエル人は神から、エリコの周りを7日のあいだ毎日行進し、7日目には7回行進するよう命じられました。（ヨシュア6－15）。

聖書には、7という数字が用いられている例はほかにもたくさんあります。「その時、ペテロが来て言った。『主よ、仲間が私に罪を犯すとき、何回許すべきでしょうか。7回ですか』。イエスは言った。『いいえ、7回ではなく77回です』（マタイ18－21、22）

とあります。この7の数字は、じつはカタカムナを表しています。ナ（核）の数霊は14（7＋7）で、カタとカムの「ナ」を表わしているのです。また、日本語で7は「ナ」とも言いますが、数字では「ナナ」、つまり77と表現しますね。ナナは六芒星の中心で、二つの核が統合するトコロなので一つになった二つなのです。

このように、挙げたらきりがないほど、聖書の数が日本語とカタカムナで読み解くことによって、矛盾なくスラスラと読み解けるのです。数霊はカタカムナ48音の並びで計算したものですし、読み解きは、その思念でそのまま読み解いています。ここからもヨハネが日本語48音を表わしていることは十分納得できます。

口から剣を出すとは

●ヨハネの黙示録（抜粋）

① その右手に七つの星を持ち、口からは、鋭いもろ刃のつるぎがつき出て

おり、顔は、強く照り輝く太陽のようであった。（1-16）

②　わたしは彼を見たとき、その足もとに倒れて死人のようになった。すると、彼は右手をわたしの上において言った、「恐れるな。わたしは初めであり、終りであり、また、生きている者である。わたしは死んだことはあるが、見よ、世々限りなく生きている者である。そして、死と黄泉とのかぎを持っている。（1-17）

③　だから、悔い改めなさい。そうしないと、わたしはすぐにあなたのところに行き、わたしの口のつるぎをもって彼らと戦おう。（2-16）

「右手に七つの星を持ち」とは六芒星の中心に核（七）の空芯ができ、その核の口から相手を共振させることができる愛の諸刃の剣（「言」う「者」が持つ剣・諸刃＝両刃→他者を傷つける言葉は、自分をも傷つける剣＝言葉）が出ており、相手の敵対心には、言葉で闘う用意ができている。その強い思いは、相手（敵）を照らし出す太陽のように燃えていた。太陽とは、相手を育て輝かせる光（天照の光）です。敵対する相手に、「あなたはすばらしい」と本当の価値に気付かせる光です。

その力に抵抗できなくなった時、ヨハネは「命の根源」に入ったのです。そこはすべての「故郷（カタカムナ）」、寿命を終えた命が帰ってきて、また再生するトコロ。『わたしは初めであり、終りであり、また生きている者である。わたしは死んだことはあるが、見よ、世々限りなく生きている者である。そして、死と黄泉とのかぎを持っている。』とはそのことを表しています。

「わたしの口のつるぎをもって彼らと戦おう。」の部分は次のマタイによる福音書の項目で解説します。

●マタイによる福音書（10章34〜39）

平和ではなく剣を

わたしが来たのは地上に平和をもたらすためだ、と思ってはならない。平和ではなく、剣をもたらすために来たのだ。わたしは敵対させるために来たからである。人をその父に、娘を母に、嫁をしゅうとめに。こうして、自分の家族の者が敵となる。

わたしよりも父や母を愛する者は、わたしにふさわしくない。わたしよりも息子や娘を愛する者も、わたしにふさわしくない。また、自分の十字架を担ってわたしに従わない者は、わたしにふさわしくない。

自分の命を得ようとする者は、それを失い、わたしのために命を失う者は、かえってそれを得るのである。


ここはもっとも理解に苦しむ部分です。「汝の敵を愛せよ」と言ったイエスが、みんなが仲良くし、平和であることはいけないと言っています。まずは、家族が家族と争い、嫁が姑と仲たがいし、家族同士が敵対する関係を、作り出すためにこの世に来た。と言っているのです。イエスという真理よりも、家族をより愛する者は、ふさわしくない。真理のために命を差し出すものこそ命を得る。というのですから、理解に苦しみますね。しかしそういう理解不能な個所こそ、深い真理が込められているのです。

なぜ、家族同士をいがみ合わせるのかというと、他人であれば敵対関係になれば、付き合わなければいいだけなのですが、家族同士の関係は、それほど簡単に切り離せるものではありません。そうしたなか、憎しみのこもった相手をどう説き伏せるのか、お互いに悩みます。相手を非難し、攻撃するばかりでは、共に暮らす者同士は居心地が悪く、お互いに不幸になってしまいます。

そこで、自己を省みて、成長を促されます。解決は、憎むことではなく愛することしかないと気づいた方から、その思いから溢れ出る行動や言葉をかけます。その時こそ、憎しみが打ち負かされるときです。根気よく繰り返し憎しみを溶かす思いを伝えます。このようにして、じつは、「言霊の剣」は試練に立ち向かうことで磨かれるのです。

国どうしの戦争を避ける外交も、最初は家族同士の憎しみを溶かす愛を磨くことで成し遂げられます。「言霊の剣」で闘うと決意したものは、命がけで数々の憎しみを溶かす試練が必要なのです。

問題がないときは、ただ優しい耳障りの良い言葉で付き合うのもいいのですが、争いや戦争を避ける思いや言葉は、命がけの鋭さをもって、わだかまりを断ち切る言葉が必要です。ただ、仲間だというだけで、真理を見ないものは、私にふさわしくないとイエスは言っています。

私たちがこの世に生まれてきた目的は、真心から出た「言霊」で、現象を起こす「愛」を学ぶためです。

たとえ自分がひどく傷ついていても、相手ばかりを責めた自分を振り返り、相手を愛することができなかった無慈悲な自分を顧みます。そのとき「もっと人を心から愛したい」と願ってこの世に生まれてきたことを、無意識が思い出し、苦しみながらも本当の愛を学んで行こうと決意するでしょう。

こうして愛の覚醒は徐々に起こり、やがてはすべてを許しあい、受け容れ合うことができるようになります。相手だと思ったのは、他でもない自分の姿だったことに気付くからです。

私たちの生きる最終目的は、どこまで人を愛せるか、です。そのためには、人間の心の中の闘い、ぶつかり合いの実践の中で、初めてその最終目的に到達することができます。

日本の縄文時代には、一万年以上も戦争がなかったことが明らかになっています。縄文人たちはそのことを知り、常に心を磨いてきた人たちだったのです。


その言霊の剣の象徴が、天皇家の三種の神器の一つ「草薙剣」です。草をなぎ倒す剣とは、じつは弱い「羊」が使う剣なのです。一頭の羊では、広大な草原はなぎ倒せませんが、弱い羊が集団で草を食《は》むと、時が経ってみれば、すべての草がなぎ倒されています。一人の力では到底成し遂げられないことでも、集合の民の力でそれは可能になります。弱い羊が持っている武器、それはみんなで草をなぎ倒す口から出た剣(言霊)なのです。

イエス・キリストが、自分を「子羊」だとなぜ言うのかがおわかりでしょうか。イエスの口から出る鋭い諸刃の剣とは、羊の口から出た「草薙剣」なのです。それが日本の天皇家の言霊の剣となっています。

仏教では、不動明王がもっている三鈷杵、五鈷杵などがそれにあたります。言霊の剣は普段は引っ込んでいて見えないのですが、思いのエネルギーが高まってくると、真ん中がビューンと伸びて、諸刃の剣が飛び出してきます。

この言霊の剣は、このように、キリスト教、仏教、神道などの共通した概念です。なぜ私たちは、世界で唯一、言葉をしゃべる人間に生まれてきたのか、それは言葉こそが宇宙の最高の叡知《えいち》だからです。

「アーメン」の本当の意味

ユダヤ教とキリスト教徒の人たちは、祈りの最後に十字を切りながら「アーメン・A-men」と唱えます。この「アーメン」という言葉は、ヘブライ語で、「まことに。

確かに」という意味です。

これをカタカムナで読み解いてみると、アーとは「徐々に感じる」、メンとは「目そのもの」で、人間の生命の奥深く、カタカムナの中心にある「心の目」に入っていくことを表わしています。心の目とは、宇宙意識が自分の中で融合している根源のことです。つまりすべての人間の心の中には、宇宙全体が常に存在しています。

また、英語で考えてみると「a」とは「一つの、一人の」という意味で、「men」とは「すべての人間」と言っていることに気が付きます。

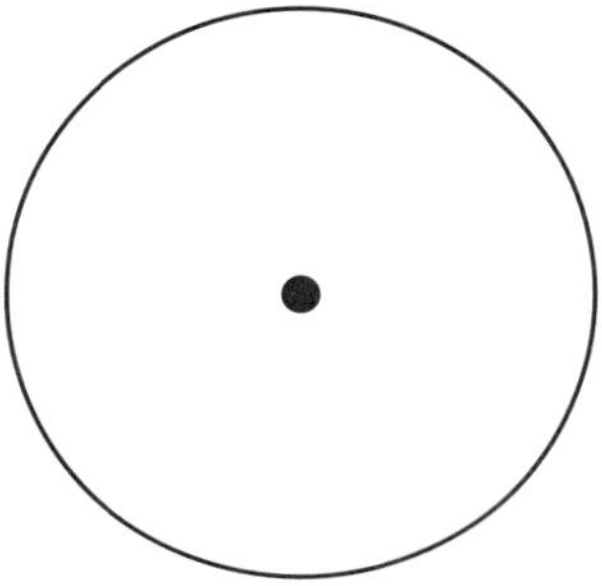

神とは、単数であり、複数です。それが三位一体から来ているとみるむきもありますが、私はそうではないと思います。祈りやミサの最後に「アーメン」と唱えることによって、「神に起こるすべては、すべての人間に起こることである」と言っているのだと思います。
それは、円を描こうとすると、中心点にコンパ

スの針を刺し、空間を取って円を描きますが、その円の中心点と外円は、同時に存在します。外円がなければ、中心点も存在せず、外円は、中心が定まらなければ存在できません。つまり1つである中心点と、多数の集合点であるとみなされる外円は同時に存在し、同じものなのです。

聖書で神の行いや教えを学び、最後に、アーメンと合唱するのは、「すばらしい神の行い、このことは正しくあなた方すべての人間にも可能です」と宣言しているのではないでしょうか。それが「アーメン」という意味なのではないかと私は思います。

また聖書の一節、『われわれに似るように、われわれのかたちに、人を造ろう』とは、『われわれがお互いに似るように、われわれの形を作ろう』ではないでしょうか。なぜなら、神はエネルギーなので、どこにでもいらっしゃり、形や肉体は必要ないからです。

神と人は同じであれ！　初めから神は人間をパートナーとして選び、その思いで人間を作ったのです。

一神教と多神教は同時に存在し、じつは同じものです。

イエス・キリストが求めたもの

この世で、「聖なるもの」とは、いったい何でしょうか。
「聖」という字を破字にして読み解いてみましょう。
「耳＋口＋王」となりますね。つまり聖なるものとは「耳で聞き、口で伝えるものこそ、王である」と読み解けることから、この世でもっとも聖なるものとはハッキリと「言葉」であるということができます。

カタカムナでは、宇宙、生命の構造を八咫鏡で表します。その構図をもう一度見てみましょう。

縄文晩期の耳飾りと酷似していますことがわかります。耳飾りの十字は大きなラッパの様なもので描かれています。比べてみると八咫鏡の構造とまったく同じなの外円の小さな〇は、十字のものよりすこし小さな、やはりラッパ型で描かれていま

八咫鏡の構造

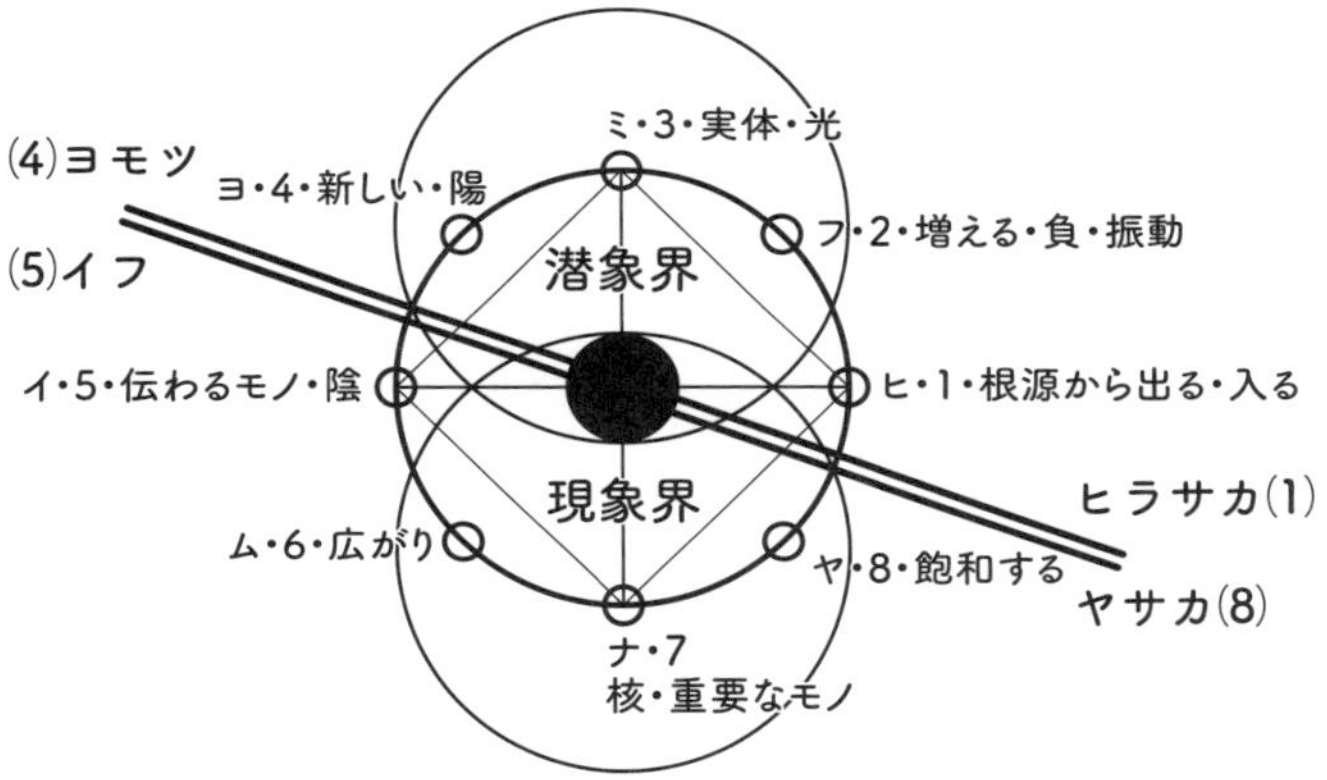

土製耳飾

(東京都調布市布田町下布田遺跡出土)

す。大きなラッパは外から内へ、小さなラッパは内から外へと音が出入りします。

これは、八咫鏡の構造とまったく同じものを表しています。縄文人がなぜ耳にこのイヤリングを着けていたのか。「耳＝33」これは八咫鏡の中心にある数です。その中心につながる耳に、「言葉が聖なるものである」ということを心に刻み生きるため、皆、同じデザインの耳飾りを着けていたのでしょう。彼らも常に自分を戒めて生きていました。

宝である身体を傷つけ合う戦いで、他者も自分も傷つかないように、常に自分の心と闘っていたのだと思います。

また、キリスト教のカトリックで用いられている紋章には「ＩＨＳ」という表記がよく使われています。この「ＩＨＳ」とは、ラテン語で「救いの人・イエス」という意味だそうです。

すごいのは、「イエス＝69・キリスト＝75」と「救いの人＝75・イエス＝69」は、数が逆になっているだけで、両方とも合計数はヨハネの黙示録に出てくる「１４４＝イエスの尺度」を表しています。

中心に来る大事な数は、このように読み替えても同じ数を表します。

たとえば「カタカムナ＝１０３」とは「統合の実体、または、目の実体」となりますが、「１０３」を「ひやくさん」と読んで数霊を数えてみてもやはり「１０３」になるのです。

ＩＨＳを形霊で読み解くと、Ｉとは重力、Ｈとは膜宇宙、Ｓとは隼人の盾に表される球体の逆渦を表しています。これが生命を作る構造、カタカムナの構造とまったく同じです。

ここから言えることは、昔、世界中の人は、言葉の神聖さ、言葉の力、言葉が神であることをとっくに知っていたということです。

文明が進化したと思っている私たち現代人は、そのことをすっかり忘れています。つまり、言葉の神聖さをこれまで信じてこなかったのです。その結果、戦争の世紀が現在まで続き、戦争兵器、殺人兵器がここまで進歩して来ました。一日も早く、この聖なるものに生きなければいけません。

そうすれば、母なる地球を滅ぼす殺人兵器は、もう必要なくなるでしょう。人の心

三内丸山遺跡から出土した縄文時代の土偶

と言葉を信じることができるからです。

また、この写真は、青森の三内丸山遺跡で出土した約５５００年前の縄文十字形土偶です。ここでは、まるでイエス・キリストが十字架に磔になった姿をほうふつとさせるような土偶が出土しています。裏にはひもを通す穴が開いているものもあり、ロザリオとして身に着けていたものと思われます。

この世界の真理が一つであるならば、その真理を正しく悟った人々は、たとえどこに住んでいても、同じ悟りを得ているはずです。時代も、国も違う人々が、宇宙と地球、生命の真理を同じように表現していたということは、まったく不思議なことではありません。

第7章

カタカムナが語る宇宙法則

言葉に出したことは叶う

私はカタカムナを学んでいる生徒さんたちが変わっていく姿を日々、目《ま》の当たりにしています。うちの家族もまたものすごく変わりました。以前は、私一人がカタカムナに没頭していて、主人も子供たちもまったく無関心でした。私がカタカムナの話をし始めると、みんな蜘蛛の子を散らすように逃げ出していたほどです。

ところが、ある日、私は原稿の締め切りや、カタカムナ学校のテキスト作りに追われて、「もう、ご飯作ったり、お茶碗洗ったりするの、イヤダー！」と一人きりの家の中で叫んだのです。

そうしたら、私はそのことを一言も言っていないのに、帰宅した主人が、「カタカムナ学校の校長は大変だから、これから家事は全部僕がする」と、言い出したのです。本当にびっくりしました。

それからは、それまで料理をしたことがなかった主人が、友人のカフェでいろいろなメニューを教えてもらったりしながら、毎日買い物に出かけて料理を作り、後片付けをしてくれるようになりました。おかげで私は家事から解放され、カタカムナの研究に没頭できる日々を送っています。今では子供たちや孫までもが総出で学校運営を手伝ってくれています。

現実は、不思議なことに、時間はかかるけれど、言霊の通りになるのです。それは私だけでなく、カタカムナを学ぶ生徒さんたちを見ていると、みんなそのようになっているので、よくわかります。

ですから、本当に言霊を信じて口から発したら、その通りになるのです。

不思議と言いましたが、じつは不思議でもなんでもなく、それが宇宙の法則だからです。思いが言葉を作り、言葉にしたことが、現実を作っていきます。

ロンドン・パラリンピックで手にした金メダル

私はそのことを7年程前に実際に体験しました。結婚して子育てをしながら、翻訳や通訳の仕事をしていました。そんな中で、視覚に障害を持つ方たちの競技、ゴールボールの日本代表チームのサポートをしていました。海外遠征の通訳や審判会議、ルールブックの翻訳などをお手伝いしていたのです。

ゴールボールは1976年のトロント大会からパラリンピックの正式種目になり、日本女子チームも2004年から3大会連続で出場していました。私もアテネ、北京、ロンドンの3大会には通訳としてチームに帯同していました。

ところが私は、ロンドン・パラリンピックの前に、この仕事から引退するつもりでいました。このときすでにカタカムナに出会っていましたから、その研究活動にどうしても没頭したかったのです。でも、それまで10年間苦楽を共にしてきた選手たちにどうしても残って欲しいと懇願されて悩みました。そこで考えたのです。

言霊の力を使ってチームを金メダルに導くことができたら、私は役目を果たしたことになるのではないか、と。そうしたら気持ちよくチームを去ろうと。もし、それができなかったら、カタカムナの研究は諦め、チームが金メダルを取るまでサポートを続けようと決めました。

とはいえ、それは厳しいハードルでした。ロンドン前の北京大会では参加9チームの中7位だったからです。

そこで、まず、自分自身が日本チームの金メダルを確信することから始めました。言霊というのは心から信じないと効果がないからです。そのためあらゆる工夫をして、それを1年間続けました。

でも、私一人がチームの勝利を信じているだけでは不十分で、チームの心が一つになる必要があります。そこで選手やコーチ一人一人に心からの決意を聞き出し、それをまとめて「ロンドンパラの誓い」を作りました。

ありがとう
勝つとは自分に勝つこと
さあ、上を向いて、階段を一歩一歩昇り
頼むよ、仲間たち
何があっても　本気で集中
ボールが見える、動きがわかる
守るぞ、ゴール、破るぞ、ディフェンス

ロンドンパラの聖火の前で、笑って友と　そこに立つ!!

それをみんなで毎日唱和し、私はそれをさらにテーマソングとして、ＳＭＡＰの「オリジナル　スマイル」のメロディで歌ってもらいました。その歌は、一人一人が生まれたときに神様からもらった笑顔を取り戻そう！　そうすれば世界中が幸せになるという内容でした。私はチームが世界1になりたいのであれば、世界一の意識を持つべきだと思ったのです。

すると、チームの力はぐんぐん上がって勝ち進み、とうとうロンドン・パラリンピックで金メダルを取ってしまいました。すごかったのは防御力で、相手チームに得点をさせませんでした。選手は口々に「ボールが見える、動きがわかるよ」と言っていました。本当に奇跡が起きたのです。

けれど、本当の奇跡はその後で起こりました。

ロンドンから帰国後、私は自分で決めた通りこの仕事を引退し、カタカムナの研究に没頭していました。そんなとき、ふと、なぜあれほど見事に、願った通り、金メダルが取れてしまったのだろうという疑念が頭をよぎりました。そしてあの「ロンドンパラへの誓い」を、私が発見した「カタカムナ思念表」に当てはめて読み解いてみたとき、驚愕しました。試合自体があの「ロンドンパラの誓い」に秘められていた言霊の思念通りに展開していたのです。

言霊とは、ここまで大きな力を持つものなのだと、私自身、空恐ろしいほどの戦慄を覚えたのです。これを適切に使うことができたら、人生は確実に豊かなものになる、私はそう確信したのでした。

ものごとに良い悪いはない

言葉の思念を読むということをしていると、「私の名前は良い思念をもっていますか。それとも悪い思念でしょうか」と、聞いてくる人がいます。名前や言葉から思念で読み解けるのは、その人や、ものの本質であって、良い悪いではありません。

たとえば、「サ」は「遮り・差」という思念なので、否定的に取られる場合がありますが。「サキ」という名前だとしたら、「遮るエネルギー」という意味になり、何か否定的な、自分のエネルギーの流れを止めてしまうような印象を受けます。

しかし、実際はその反対で、「遮る」あるいは「差」をつけるというのは、エネルギーを生み出し、転換させるきっかけとなる大きな役割を果たします。

宇宙というのが、すべてゼロで、平等で、差がなければ、本来は永遠に何にも起こりません。争いも悲しみもない代わりに、喜びも愛もないのです。

ところが、そこに「差」ができることによって、エネルギーの流れが起こり、初めて宇宙や生命が生み出されることになり、多様性が生まれます。

あるいは、エネルギーが流れているところを遮ると、どうなりますか。行き場を失ったエネルギーが新たな方向性を見出して、今までになかった流れを作っていきます。

また、遮られたエネルギーというのは、ときには爆発的な力を発揮します。その力によって新たなものが生まれ出ることはよくあることです。「サ」というのは、そういうすばらしい役割を持っているのです。

その証拠に創造主である神の数霊は「28・さえぎり」です。

もうひとつ例を挙げます。

愛（アイ）と悪（アク）を比べてみましょう。

愛は、この世の中でもっとも美しく、尊いものというイメージがあります。思念で読むと、**「（ア）感じて（イ）伝わるもの」**です。それが愛です。そこに善悪の概念はありません。

では、悪はどうでしょう。**「（ア）感じて（ク）引き寄るもの」**と、これも善悪の概念はありませんね。愛という「感じて伝わるもの」、悪という「感じて引き寄るもの」、それぞれ、良いも悪いもないのです。何を感じて引き寄せるかによって、善悪は決まるのです。つまり、それを使う人次第なのです。

たとえば「アク」とは「開く」という意味でもあります。自分が判断して閉じていた扉を開き、受け入れることなのです。善悪はすでにその人自身が知っているのです。

では、「核兵器」を読み解くと、どうなるでしょう。人間の最終兵器、使い方を誤れば、本当にこの世界を破滅させてしまいかねない恐ろしい爆弾です。その本質は、さぞやおどろおどろしいものだろうと想像した人がいるかもしれません。実際には、次のとおりです。

（カ）チカラの（ク）引き寄りを

（ヘ）縁、外側へと（イ）伝える（キ）エネルギー

核兵器というのは、核物質に周りから強い圧力をかけることによって核分裂を引き起こし、莫大なエネルギーが発生する化学反応を応用した兵器です。なんのことはない、その化学反応のことを言っています。核分裂そのものに良いも悪いもないのです。問題はそれをどう使うかですね。

ですから名前や言葉を読み解いたときに、思念によってわかることはその本質です。それ自体に良いも悪いもなく、あなた自身がその本質を知って、それをどう生かすかを考えるきっかけを与えてくれるものだということを理解しましょう。

言霊の思念を読み解いていると、次第に、善悪ではないものごとの本質を見るようになりますから、善悪といった二元論にとらわれなくなります。その結果、起きる現象をすべて受け入れて生きていきますから、そこに悩みや争いはなくなります。

光と闇は同じもの

前に触れましたが、3（ミ）は光を意味していますが、この光はじつは光っておらず、闇です。

ヤミ＝ヤ（飽和する）＋ミ（光）

闇とは、光が密閉された中で飽和し、振動できない状態のことを言っています。その闇の閉じ込められた振動が限界に達すると、殻を打ち破って光があふれ出します。その光が噴出する源をヨミ（黄泉）と言い、黄色の光の泉と書きます。ヨミは闇の世界ですが、そこは光をいっぱいにたたえた光の湧き出る源泉なのです。

光の3は、三角形の3ですが、振動することによって4の陽、つまり3に空間が入って正四面体になります。正四面体は三角錐ですが、面は4つあります。その四面ある三角形の形をヨミ（4・3）と言います。

黄泉の光は、肉体である5（陰）が必要です。黄泉の陽のエネルギーが陰（物質・肉体・空間）と統合することで、初めて生命体となります。そこから私たちが体を持っていることが必要なことがわかりますね。

そして闇こそ光を生み出す力ですから、「闇こそ光の実体」と言えます。

光だけを求めるのではなく、闇の意味を知ることで私たちは生命の裏と表の本当の意味を知ることになります。


重ねて言いますが、この世は、すべて相対したものが一つになっています。たとえば光と陰、善と悪、生と死のように、です。どちらが良いか悪いかはありません。もし、片方だけを否定すると、結局は両方失なってしまうのです。

私たちはその一方だけを見て喜怒哀楽し、ときには混乱したりしていますが、こうした根本原理がわかると、見方、生き方は大きく変わって来るはずです。

台風や地震など自然災害に対してもその真意を知れば、対処の仕方も変わってきます。私たち生命母体である地球の観点から見ると、地球内部に溜まった破壊的エネルギーは、ある程度どこかに放出しないと、地球自体の存続に影響しかねません。余分なエネルギーの放出は、自然現象として健全な地球の営みの一部なのです。

そうした大きな観点から見ると、地球自体が安定することにより、その災害が起こったことで人類は救われたりもします。

その善悪は本質的ではないため、自分にとって、人種にとって、国にとって、生物にとって、判断が異なってきます。その判断の違いによって、私たちは争いを起こしてきました。

地球の自然といえども、じつは私たち人間の集合意識が影響を与えています。私たち人間にできることは、愛と真のエネルギーを地球に循環させていくこと。その結果、地球が納得すれば自然災害もより人災の少ないものへと変わるでしょう。

言葉と数霊によって、善悪ではない本質を知るようになると、争いは消え、起きる現象をすべて受け入れて生きていこうとするようになります。

その結果、この集合意識によって結局は自然災害をも変えることができるのです。

時は未来から過去へ流れる

私たちは、時は過去から未来に向かって流れていると思っています。けれど昔の日本人の時間感覚はそうではありませんでした。西洋から時計が入ってきて、時間の一面しか見なくなり、時は過ぎ去っていくという一方向性の時間感覚にすっかり染まってしまいました。

では、実際はどうなのか、まずは時を表す言霊を見てみましょう。

昨日（キノウ）エネルギーが時間をかけて生まれ出るもの
今日（キョウ）エネルギーが新しく生まれ出るもの
明日（アス）今を感じて進む
未来（ミライ）実体の場が伝えるもの
過去（カコ）力が転がり入ったもの

昨日は「時間がかかって生まれ出るもの」で、今日は「新しく生まれ出るもの」です。どちらが先でしょうか。

思念で読むと、今日の方が先ということになります。今日という日が始まらなければ、昨日も生まれないのです。「今日が新しく生まれ出る」、そして「昨日が時間をかけて生まれ出る」の順番です。

そして明日は、「今感じる方向に進む」と言っています。そして未来は「実体の場が伝わるもの」です。実体の場というのは今のことですね。ですから、今、この瞬間に伝えているものが未来です。

時間をさかのぼる過去は、「力が転がり入ったもの」ですが、力が転がり入るとは、力が外に出ないということです。これは過去が現在に影響しないことを意味しています。明日は「今、感じる方向に進む」もので、未来とは「今この瞬間の実体が伝えるもの」と、符合します。

まとめると、今日とは「エネルギーが新しく生まれるもの」、昨日は「時間がかかって生まれる」ものですから、今日は昨日より先に来るわけです。そして、過去は

「力が転がり入って、力を及ぼさないもの」となります。

これはいったい何を意味しているのでしょうか。

私たちは、未来から流れてくる、何の情報も書き込まれていない未使用の時を使用し、今という時を刻んでいるのです。そしてそれを使用したときは、次の瞬間には記憶となって、過去へ流れ去っていきます。

続けて過去と似た言葉を読み解いてみましょう。

歴史（レキシ）消失したエネルギーの示し
昔（ムカシ）広がった力の示し

歴史は、「消失したエネルギーの示し」というのは、亡くなってしまったエネルギーの示しですから、やはり今に力を及ぼさないと言っていることがわかります。そして昔は、「広がった力の示し」です。力というのは、一点に集中して初めて力として働きますが、広がってしまうとまったく力は働きません。**つまり、昔というのは広がり薄れてしまったため、現在の役に立たない力の示し、のことなのです。それを昔と言います。**

過去は「転がり入った力のないもの」でしたから、歴史も、昔も、同じ過去のことであり、過ぎてしまった時間はただの足跡であって、現在を変える力はもうありません。

だから、過ぎ去ってしまった過去にとらわれて生きる必要はないのです。

過去ではなく、今が作る明日、そして未来を見ましょう。

明日は今感じた方向に進み、未来は今のエネルギーで決まると言っています。大事なのは「今」が握っています。未来は、過去の延長線上にあるのではなく、今が作っていくのです。

カタカムナウタヒ21首には、「イマトハ　ヒトワ　ミコ　ニホ　ヤホ」と、あります。今というのは一つの輪であり、この一つの輪から実が転がり入って陰の形になり、圧力を受けて引き離され、反転して裏返るという意味ですが、これは今が反転して、

今・過去・未来とは？

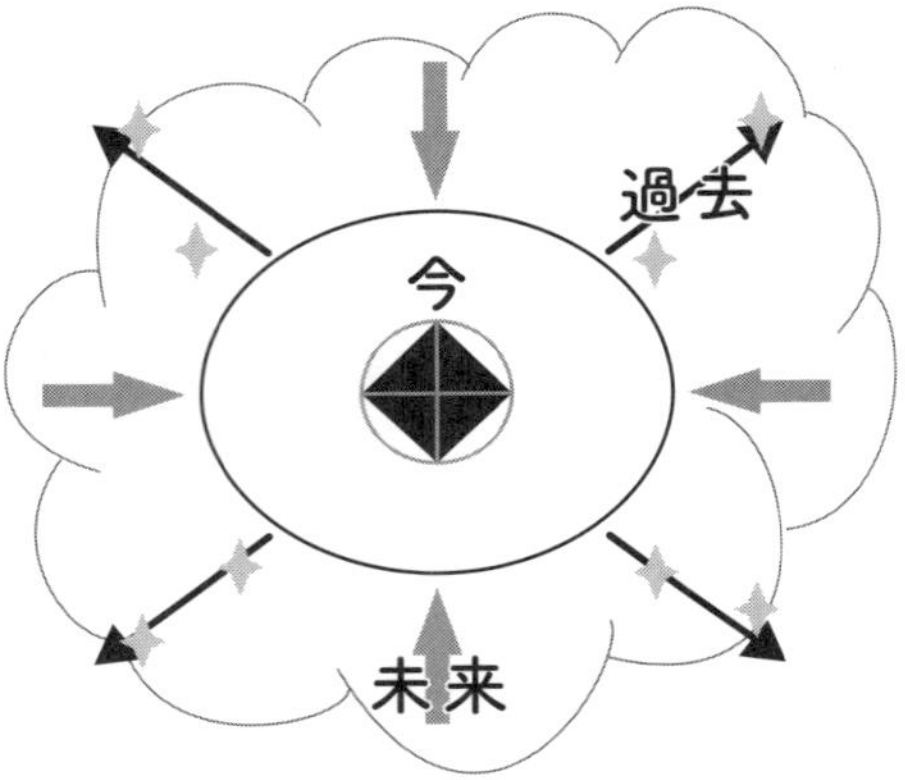

次々と新しい今になることを表しています。

では、その構造を図で表してみましょう。

真ん中が今というエネルギーです。今は心の中にのみ存在します。これが思いの振動によって充電されると闇粒子が光となって放出されます。それを過去と言います。

私たちは、その今の心から放出された過去の光に照らし出された現実を見ているのです。だから今、目の前にある現実はすべて過去です。その起きている過去を見て、どう思っているのかその心の中が今です。

私たちは常に起きている過去と、それを見ながら何かを思っている今のパラレルワールドで生きています。過去を見て何を思おうとまったく自由ですが、その思いが次の過去になっていきます。過去もつながっているので、今の思いを変えていけば、過去が次第に自分の思う通りに変わっていきます。

そして未来とは、過去として放出した光が振動を失ってまた今の心の中に戻ってくる闇のエネルギーです。今―過去―未来を循環させている力は、自分の心（今）の中の思いの振動なのです。

ということは、私は今という思いの中で、過去を見ながら、未来が入ってくるという3つのパラレルワールドにいます。それが今日、昨日、明日です。

この構造を正しく理解することで、私たちは人生を思い通りに変えていくことができるようになるでしょう。

中心は中空構造という穴

心理学者の河合隼雄さんが『中空構造日本の深層』という本を書かれています。**そこでは日本人のとらえ方として、中心が空であることを挙げています。そのため善悪、正邪の判断をはっきりつけるのではなく相対化しているというのです。**

また、原理や力を必要とする絶対化された中心は、相容れぬものを周辺部に追いやってしまいますが、空を中心とするときは、そうした決定的な戦いを避けることができます。それは対立するもの同士の共存を許すモデルだというのです。

河合さんは、日本神話を読む中でそのことに気づかれたようですが、私はそれはまさにカタカムナの構造だと思いました。**中心に何かをおくのではなく中心は穴、すべてを循環させるトーラスの穴なのです。**

中心に権威をおき、それを絶対化して支配してきた他の文明とは異なり、日本は中心が穴ゆえに、対立するものを認め合い、戦いを避けてきました。そして神も一神ではなく八百万の神として存在しています。しかし八百万はトーラスの穴空間で一つになります。すべてはその構造を持つが故に、すべてが神なのです。すべてが神ですから、お互いを尊重し合います。そこに闘わぬ霊統があります。

「はじめに」で述べたように世界を回って日本のすばらしさに気づいた私は、それはどこから来ているのかと追及を始めました。そしてカタカムナを研究すればするほど、その奥深さと崇高さに、ただ夢中になりました。今はそのまったく矛盾のない英知に心から賛同しています。

私たちは科学文明の中で、日々進歩を遂げてきたように思っていますが、それもまた時を直線上の「進歩」という一方向性に邁進してきたにすぎません。そのため私たちは、他に遅れまいと必死で戦い、競争し、自然を壊して機械化を推し進めてきました。時の中で育まれてきた大自然の力を軽視してきたのです。大自然が持つ緩やかな円環的な力を忘れていたのですね。

時も、文明も、自然も、すべてが循環しているとみるカタカムナの視点が、今こそ世界に必要だと思います。

日本人は闘わぬ霊統

日本人は、縄文時代、戦をさけるためにあらゆる努力をしてきたのでしょう。その最たるものが、古事記の中に描かれている敵対するものとの統合の儀式「誓約（うけい）」です。それによって異民族と交わり、どちら側でもない子供をたくさん産み育ててきました。それが日本人の祖先です。

なぜ戦わなかったのか、それは人間の命が神だと知っていたからにほかなりません。人間の命が神そのものなので、それを守るという心の闘いをしてきたのです。

縄文時代にはそういう精神が貫かれ、それが1万年以上続きました。途中、途切れてはいましたが、その霊統、その思い、考え方というのは、令和でまた蘇ってきます。

そして、それを世界に広めていく使命が日本にはあると思います。

それも日本が中心となってリーダーシップをとっていくというのではなくて、日本が真ん中に穴をあけるという考え方です。そもそも中心は穴だという考え方ですから真中に穴を空け、みんなをそこへと回していくという進め方です。

そのために日本語は主語が欠落し、母音で共振共鳴を作り、調和をかもし出す抑揚をもつようになりました。日本語を話すと脳自体がまわりとの調和を指向すると言います。その日本語の数霊は111、光、です。

この日本語が世界に広まれば、戦争はなくなり本当に平和が訪れるのではないでしょうか。それも無理に広げるのではなく日本人が輝き出せば、その魅力が自然に広がり、日本語を学びたいという人々が自然に増えてくるでしょう。そういうエネルギーが世界に広がったときに、あちこちから日本にやってきて、日本語を学ぼうとする人たちがお互いに交流し出します。言葉によってつながっていくという現象が起きるのです。インターネットがそれをさらに加速させるでしょう。

日本語を話していると、その特徴でもある語尾の母音が「〜のお」とか「〜ねえ」などと伸びます。その母音は母の音で、子供を思う音です。母親というのは自分より子供が大事だという思いを抱いていますから、相手のことを思いやるという共振共鳴が自然に起きていきます。

子音（シオン）もまた111です。これが子音が日本語111によって共振するゆえんです。母音（ボオン）は41です。41は古くから日本にあるミロク魔方陣の中心の数です。ミロクの世には母音文化が中心となるという意味でしょう。子音の文化の人たちが、母音の音に触れて共振共鳴を起こすことで、だんだん思考が変わっていきます。**母音というのは、右脳と左脳を全脳的に動かす力を持っていると言われています。**感性も理性で受け止めますから、虫や鳥、風の音を聞いても、それを理性的に左脳で受け止めて和歌を作ったり、虫の声を歌にしたりし始めると、政治や経済では成し遂げられなかった平和な脳、相手との共感能力が高まる脳が自然にできていきます。それがまた平和を作ります。

だからイニシアチブをとるといっても、それは従来のものとは異なって、言葉によって平和になる、思いを伝えることによって平和になる、というまったく新しいイニシアチブです。

日本がやることは相手を思いやれる母のような振る舞いを、国際社会でも率先すること。その結果として、お互いの愛が交流し、大切に思うのではないでしょうか。それは、これからの私たち日本人の生き方が開いていく道だと思います。

あなたは私

カタカムナが伝えている大事なメッセージの一つに、異なる2つのものが調和して統合し、陰でもなく、陽でもないものになり、命のタネが生まれるということがあります。

命でいえば、男性と女性の統合ということになりますが、それだけではなく、ものごとすべてに陰と陽の側面があります。

陰陽とは、英語で表現すれば「I'n you（＝I and you）→私とあなた」という意であり、または「In you＝あなたの中にいる（私）」となります。またカタカムナの円環の考え方では、言葉の始まりと終りはつながっているとみるので、「you in→あなたが（私の）中にいる」とも言えるのです。

つまり、◯（球体）と＋（ナ）です。

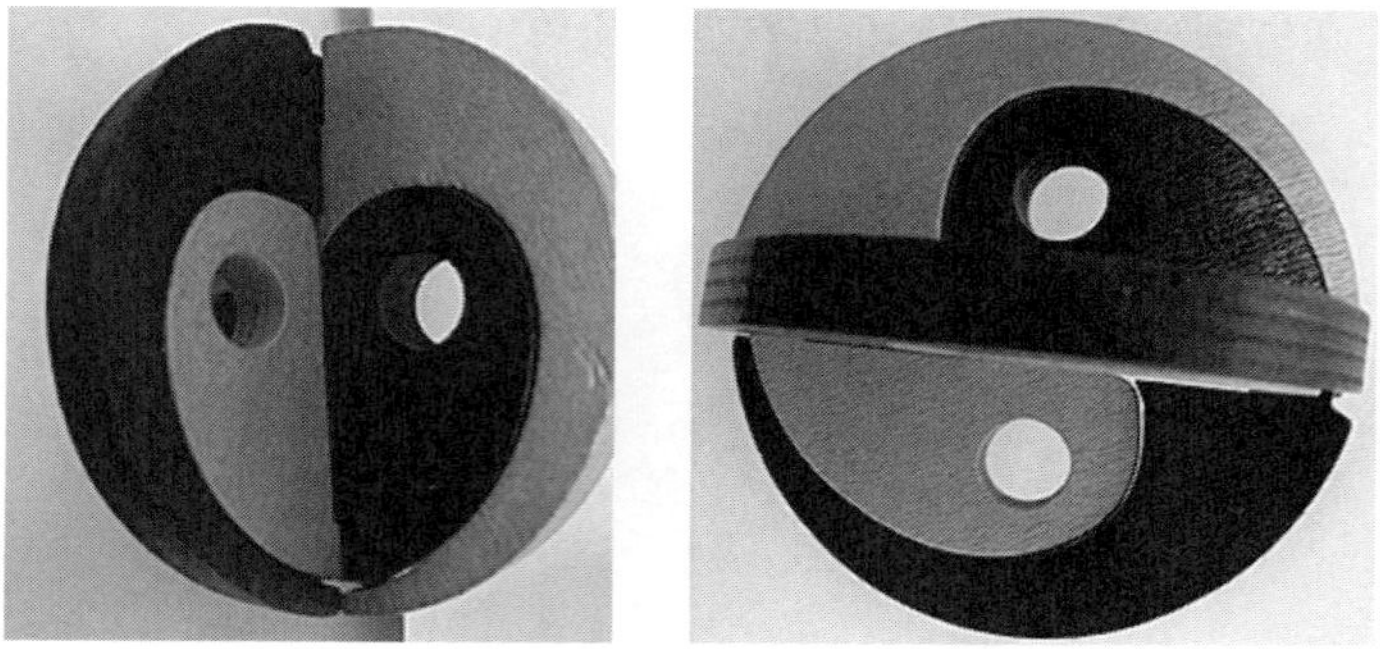

陰陽とは、角度を変えてみると、じつは、心（ハート）を
意味していたことに気付きます。

カタカナ＝〇＋＝あなたと私はつながっていると。

つまり、私の心をゆさぶっている私の心の本体は「あなた（陽）」なので「あなた」は、じつは「私」なのです。

２つの異なるものがつながり一つになれば、そこに新しい思いのタネができ、そこから新しいエネルギーが生まれます。

２つの異なるもの、あなたと私、内宮と外宮、西洋と東洋、神と悪魔、光と闇、喜びと悲しみ、すべての異なる２つのものが、じつは表裏一体だったことを感じること、それがカタカムナという意味なのです。

自分を否定すれば相手も否定することに

なり、相手を否定すれば、自分も否定される世界です。共存共栄しかありません。沖縄ではそれを「ユイマール」と言っています。マールは○です。「あなた（you＝ユ）と私（I＝イ）は○」なのです。それはまさに陰陽統合です。それを感じることが、世界平和への第一歩です。

数霊で計算すると、

あなたの中にいる私＝222

私の中にいるあなた＝222

222は、次々と振動する振動――闇から光が泉のように溢れてきてとまりません。

滅びるものこそが神

カタカムナでは、カタカムナウタヒ（第4首）「イハトハニカミナリテ……」とあるように、「滅びるものこそが神」と言います。滅びないものには、本当の喜びも、悲しみもありません。なぜなら永遠だからです。失うものをもたないとき、人間は喜びも感動も感謝も感じない。

滅びゆく肉体をもって生きているものだけが、限られた時間をもたされ、またそれを失っていく、という思いをもって生きています。その思いの中で、今、今、今という生きている時間を愛おしむことができます。そのために、限られた時間をどのように生きるのか、と考えます。美しく生きたいとか、誇り高く生きたいとか、後悔しないように生きたい、という思いが人間を作っていきます。そういう意味で、滅びゆくものの姿こそが美しいのです。

滅びゆくものは、痛みとか、苦しみ、悲しみ、老いとかを味わいながら生きていきますが、その悲しみ、苦しみがあるからこそ、喜びが深まっていきます。そういう意味では、老いゆくもの、失いゆくものをもっていることこそ宝であって、またとない経験なんですね。

私は命は永遠だということを確信しています。ですから死んでも終わりではないことを知っています。この肉体、今世は与えられたものであって、だからこそ思い残すことなくそれを使い切りたいと思うのです。

永遠の命と、滅びる命が重なったとき、本当に美しい生き方が生まれます。永遠には続かない命だからこそ、心おきなく生き切りたい。永遠の命だからこそ汚《けが》したくはないという思いです。

ですから永遠と消滅、両方がないとダメなんです。不滅の命と今世の限りある二度とない経験があって初めて今も過去も未来も変っていきます。

ふつうは永遠の命を神と言いますが、滅びるものが神だというカタカムナは、そこがすごいところです。

「イハトハニカミナリテ」というのは、「陰（イン）＝身体（滅びるもの）」こそ神なんだと言い切っているからです。

私は、死ぬこともある意味で楽しみです。死んだら充電されて輝く命として、オギャーと生まれてくることを知っているからです。毎晩寝るのが楽しいのと同じですね。寝て朝起きるのと、死んで生まれ変わるのはまったく一緒で、相似象です。

２０１８年12月、私たちは「山彦、海彦、一つになれ！」と叫んで、土の人形をイスラエルのガリラヤ湖に投げ込みました。**それは縄文がいいとか、西洋がいいとか、**

どちらが正しいと言いたくはなかったからです。大事なのは調和なのです。

神である本当の自分を生きる

ここまでお読みいただき、心を込めて言葉を発したとき、それが現象化するという理（ことわり）がおわかりいただけたと思います。**本心で望むなら、いつかそれは叶います。**

大事なことは、あなたは何を望んでいるか、そしてあなたが自分だと思っている存在とは何なのか、です。

キリストは「自分は羊」と言いましたが、この羊から主は生まれるのです。迷える子羊というのは、これから主になろうとして迷っている子羊のことです。

人は迷える子羊として誰もが羊水から生まれ、徐々に覚醒していき、自分の力を発揮できる自分の主となり、それがさらに転じて、すべてのものを導く神となります。

それが人間の使命であり、キリストが「私は羊」という言葉で表している意味です。

そして第6章で草薙剣は弱い羊（人間）がもつ集合意識による言霊の剣であるということをお伝えしましたが、その草薙剣のまたの名を、天叢雲剣《あめのむらくものつるぎ》といい、それを破字で読むと、「天から降りた並ぶ羊が（心に）引き寄り、漂う（思い）の草剣」という意味になり、力のない庶民一人一人の真心から出る言霊の剣をみんながもったときに現象が起き、世界を変えるという剣のことを表しています。

そして雲というのは、素粒子が集まって物質化したもので、実際に雲が地球の中心と電離層をつなげています。水は蒸発して雲になり、また雨になって大地に降ることで命を育み循環をしています。また雲から出る雷は、その光で地球も電離層も修復しているのです。雲の水分がぶつかり合うことで、プラスとマイナスができて電気を生み出し、その電気と水を供給しつづけているのが雲です。また雲は太陽を遮ることで温度差を生み出し、風を起こし、気温を調節しています。

しかしじつはこの雲を動かしているエネルギーは、私たちの意識です。これがカタカムナの言霊の道、またの名を「カムナガラの道」と言います。

カムナガラという言葉は、カタカムナウタヒの中に41回も出てきます。漢字では

「惟神の道」と書き、一般には「神に従う」道だと解釈されていますが、この「惟」という字から読み解くと、自分の心へと進み、神に成る道という意味です。

私たちの命も、地球も、宇宙も、すべては相似象です。

真心が表わす意識をもち、真心から発する言葉を語る。それがこの令和の時代に世界を変える唯一の方法なのです。

あとがき——見えないものこそがすべてを動かしている

令和元年の巨大台風、19号が、日本列島各地に水害の爪痕を残し去っていきました。亡くなられた方々のご冥福と、被害を受けられた皆様方の地域の早期復興を心よりお祈り申し上げます。

カタカムナウタヒ9首には、

アメノトコタチ　クニトコタチ
アメクニカ　ソコソギタチ
カタカムナ
マノトキトコロ　トコタチ

とあります。

アメノトコタチ、クニトコタチの2神が、そのアメとクニの凝縮と膨張の力により、カタカムナの時空間からト・コ（10、9）の龍神（立）として共に立ち昇り、反転を起こす。それが時空間のコト（9・10）から反転を起こし立ち上がる龍の力、「ト・コ（10・9）立（龍）」である。

という意味です。

かつてないほどの巨大台風19号は、正にこのト・コ・タチ（10＋9）立でした。その19号につけられた台風の名前も、「ハギビス」、「引き合うマカバの内なるエネルギーが、根源へと入って外へと進む」という意味で、「反転を起こす」という意味です。その姿も龍体そのものでしたね。また、その数霊は「33」。これは天皇が持つ、天照の数字。「＋3」と「-3」のエネルギーを同時に起こし、内側の「6」と外側の「9」をひっくり返すエネルギーです。正に、天の岩戸開きを表しています。

そして、10月22日、令和の時代の天皇が正式に内外に即位を宣明されました。世界のエネルギーが変わる折り返し点となるこの日、皇居の上空には東京を広く抱くように低い位置で、美しい虹がかかり、まるで天地がこの祝典を寿いでいるかのようでした。

カタカムナも今までは、封印された〇（九＝球）・十の⊕（コト）でしたが、これからは 十・九（トコ立）⊕となり、表に出て来ます。そして天皇陛下が即位の礼の御言葉の中で3度も繰り返された「世界平和」実現のため、多くの志を共にする友と全力を尽くすことをここに誓います。

これからも天災が続くことでしょう。大天災と人災である戦争をなくさなければ、本当の平和、一人一人の人間が心のままに命を全うできる世の中を創出することはできません。

じつは、災害には人間の意識が、大きく関与しています。
天災は避けられないものですが、それを小さくすることはできます。
それは、人間の意識と、地球の意識が「大調和の渦」を起こすことです。
私は、カタカムナ学校で「地球を愛し貫く決意（数霊333）」こそが、地球と調和できる唯一の方法だといつもお伝えしています。自分の愛と感謝が、どれだけ地球の核（カタカムナ）に届くかです。カムナガラの道が、心の道だとしたら、地球の心との交流こそが、これからの世界の未来を動かします。

カタカムナは潜象物理と言われ、見えないものを見ていく分野を取り扱っています。人間の目では見えないもの、それこそがすべてを動かしているのだという認識が、世界の認識になる日まで、命の限り発信を続けていきたいと思います。

令和元年、ここから369の世が始まります！

そして、「いよいよ、カタカムナの時代が到来しました！」

最後に、この本を出版するにあたり、多大なるご協力を頂いた、新谷直恵様、徳間書店の武井章乃様に、心よりの感謝の気持ちをお伝えし、「あとがき」とさせていただきます。

令和元年　吉日

カタカムナ言霊伝道師　　吉野信子

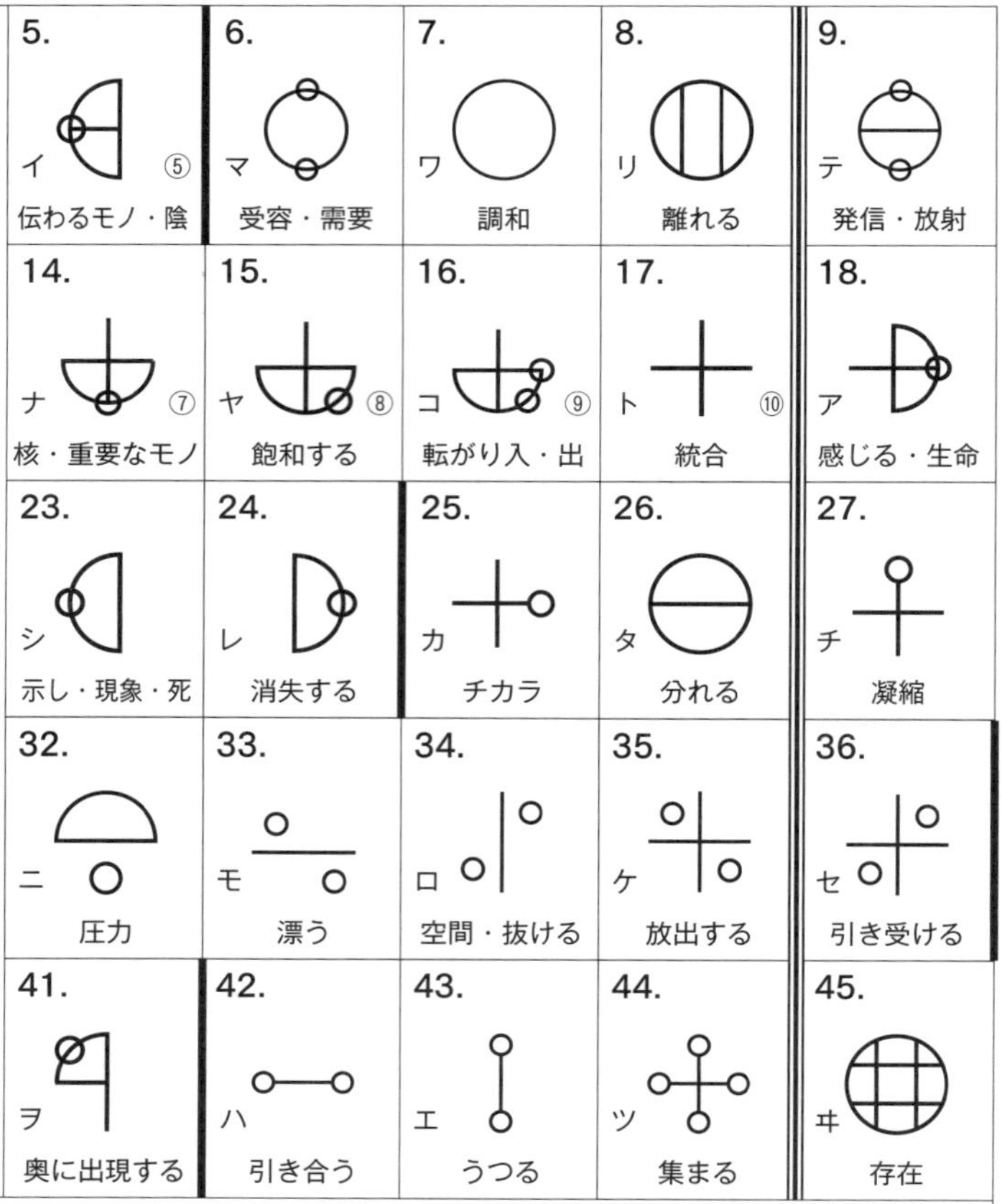

ヒ[1]フ[2]ミ[3]ヨ[4]イ[5]　マ[6]ワ[7]リ[8]テ[9]メ[10]ク[11]ル[12]　ム[13]ナ[14]ヤ[15]コ[16]ト[17]　ア[18]ウ[19]ノ[20]ス[21]ベ[22]シ[23]レ[24]　カ[25]タ[26]チ[27]サ[28]キ[29]

ソ[30]ラ[31]ニ[32]モ[33]ロ[34]ケ[35]セ[36]　ユ[37]ヱ[38]ヌ[39]オ[40]ヲ[41]　ハ[42]エ[43]ツ[44]ヰ[45]ネ[46]ホ[47]ン[48]　**カタカムナ**

→　これら48音の響きが、物質・生命体**カタ**の、

その見えないチカラの広がり**カム**の、核**ナ**から出ています。

（注）　①～⑩までは、1次元から10次元までを表しています。
短い太いたて線は5字7字のウタの切れ目を表しています。
長い3重線は数霊に関連した線です（この本では説明を省略しています）。

カタカムナ48音の思念（言霊）表

1.  ヒ ① 根源から出・入	2.  フ ② 増える・負	3.  ミ ③ 実体・光	4.  ヨ ④ 新しい・陽
10.  メ 指向・思考・芽	11.  ク 引き寄る	12.  ル 留まる・止まる	13.  ム ⑥ 広がり
19.  ウ 生まれ出る	20.  ノ 時間をかける	21.  ス 一方へ進む	22.  ヘ 縁・外側
28.  サ 遮り・差	29.  キ エネルギー・気	30.  ソ 外れる	31.  ラ 場
37.  ユ 湧き出る	38.  ヱ 届く	39.  ヌ 突き抜く・貫く	40.  オ 奥深く
46.  ネ 充電・充たす	47. 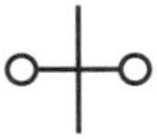 ホ 引き離す	48.  ン 掛かる音を強める	

			49.	50.	51.	52.	53.	54.
			転がり入って統合する	統合する	縮小する 減少する	伝わる振動	入ってくる	発動するもの
55.	56.	57.	58.	59.	60.	61.	62.	63.
伝わるものを伝える・生命の種	伝わる受容・広がり	伝わる調和	伝わるものが離れる	伝わるものが転がり入る	受容するもの	受容の広がりが出る・入る	受容の広がりが振動する	広がる実体
64.	65.	66.	67.	68.	69.	70.	71.	72.
放電する	受容の広がりが伝わる	次々と受容する	広がりが調和する	受容が離れる	広がりが発信・放射する	調和そのもの	調和したものが根源から分れて出る	膨張
73.	74.	75.	76.	77.	78.	79.	80.	81.
注入する	近づける	調和が伝わる	調和する広がり	次々と調和する核	調和が離れる	調和して転がり出る・入る	離れるもの	離れて根源から出る・入るもの
82.	83.	84.	85.	86.	87.	88.	89.	90.
開放 解放	出す 送る	中に入るチカラ	離れて伝わる	離れる受容	離れて調和する	飽和して次々と離れる	離れて転がり入る	発信・放射するもの
91.	92.	93.	94.	95.	96.	97.	98.	99.
中に入る	入るエネルギー	発信・放射を入れる実体	転がり出る新しいもの	転がり入って伝わるもの	発信・放射する広がり	転がり入って調和する	転がり入って離れる	次々と転がり入り転がり出る

カタカムナ数霊の思念表　1～99

1.ヒ	2.フ	3.ミ	4.ヨ	5.イ	6.マ	7.ワ	8.リ	9.テ
根元から 出・入	増える 負・振動	実体・光	新しい・ 陽	伝わる もの・陰	受容 需要	調和	離れる	発信 放射
10.メ	11.ク	12.ル	13.ム	14.ナ	15.ヤ	16.コ	17.ト	18.ア
指向 思考・芽	引き寄る	留まる 止まる	広がり	核・重要 なもの	飽和する	転がり 入・出	統合	感じる 生命
19.ウ	20.ノ	21.ス	22.ヘ	23.シ	24.レ	25.カ	26.タ	27.チ
生まれ 出る	時間を かける	一方へ 進む	縁 外側	示し 現象・死	消失する	チカラ （重力）	分れる	凝縮
28.サ	29.キ	30.ソ	31.ラ	32.ニ	33.モ	34.ロ	35.ケ	36.セ
遮り・差	出る エネル ギー・気	外れる	場	圧力	漂う	空間 抜ける	放出する	引き受け る
37.ユ	38.ヱ	39.ヌ	40.オ	41.ヲ	42.ハ	43.エ	44.ツ	45.ヰ
湧き出る	届く	突き抜 く・貫く	奥深く	奥に出現 する	引き合う	うつる	集まる	存在
46.ネ	47.ホ	48.ン						
充電する 充たす	引き離す	押し出す 力						

〔写真〕
74P　共同通信イメージズ
152P　Jose Manuel Gelpi Diaz/123RF
176P　椿雅人／アフロ
他は著者提供

吉野信子（よしののぶこ）

カタカムナ言霊伝道師。カタカムナの思念表著作者。

太古の日本に存在した文明「カタカムナ」の研究に打ち込み、48音の思念を読み解き、検証し、「カタカムナ48音の思念（言霊）表」を発見した。

2003年より日本ゴールボールチームを通訳兼スタッフとしてサポート。

2012年のロンドン・パラリンピック大会では、カタカムナの思念を用いた言霊の力で、日本女子ゴールボールチームの念願の金メダル獲得に貢献。2018年４月に「カタカムナ学校」を開校。自身が校長を務め、講師養成講座を通してカタカムナを世界に広める活動を行っている。

著書にベストセラー『カタカムナ 言霊の超法則』のほか、『カタカムナ 数霊の超叡智』『カタカムナでめぐる聖地巡礼』（いずれも徳間書店）がある。

オフィシャルサイト
katakamuna.xyz

カタカムナの時代が到来しました
真心だけが現象化する世界！

第１刷　2019年11月30日
第４刷　2023年10月25日

著　者　吉野信子
発行者　小宮英行
発行所　株式会社徳間書店
〒141-8202　東京都品川区上大崎 3-1-1
目黒セントラルスクエア
電話　編集（03）5403-4344／販売（049）293-5521
振替 00140-0-44392
カバー印刷　真生印刷株式会社
本文印刷　本郷印刷株式会社
製本　東京美術紙工協業組合

ISBN978-4-19-864975-3